Konzentrationstraining für die Sekundarstufe

Schnell einsetzbare Materialien für die 5. bis 10. Klasse

Sandra Kroll-Gabriel

Cornelsen

Inhaltsverzeichnis

Vorwort

Jonas kippelt unruhig auf dem Stuhl, Emma spielt mit dem Radiergummi und Kevin schaut gelangweilt aus dem Fenster.
Kennen Sie diese Situationen aus Ihrem Unterricht? Bestimmt, denn ungefähr 50 % der Schüler[1] fallen nach Beobachtungen der Lehrer durch Konzentrationsschwierigkeiten auf. Das ist fast die Hälfte der Schüler. Es stellt sich die Frage: Wie können Sie diesen Kindern und Jugendlichen helfen?

Konzentration und Aufmerksamkeit

Konzentriertes Vorgehen ist die willentliche Fokussierung der Aufmerksamkeit auf eine Tätigkeit. Das bedeutet, Konzentration ist eine Steigerung der Aufmerksamkeit, denn sie erfordert eine hohe geistige Anstrengung. Oft werden diese Begriffe „Konzentration“ und „Aufmerksamkeit“ irrtümlich synonym verwendet.

Konzentration und Schulerfolg

Die Konzentration ist ein wichtiger Stützfaktor für schulisches Lernen und Leisten. Schüler, die in ihrer Arbeitsweise fokussiert und zielorientiert vorgehen und dabei Nebenreize ausblenden können, erreichen tendenziell bessere Leistungen. In der Grundschule gleichen Schüler mit einer sehr guten Begabung mangelnde Konzentration häufig aus, weil sie den Stoff sehr schnell durchdringen. Für sie zeigt sich die Problematik oft erst an der weiterführenden Schule ab der 5. Klasse, wenn sie die mangelnde Konzentrationsfähigkeit nicht mehr durch ihre Intelligenz kompensieren können.

Konzentration fördern – Konzentrationsfähigkeit steigern

Konzentration kann trainiert und gefördert werden. Dazu müssen die einzelnen Komponenten der Konzentrationsfähigkeit in verschiedenen Aufgaben geschult werden. Das Training enthält Materialien zu folgenden Bereichen der Konzentration:

1. Förderung der auditiven Aufmerksamkeit
Es stehen Übungen zum genauen Zuhören und Verstehen zur Verfügung.

2. Förderung der visuellen Aufmerksamkeit
Zur Förderung können Sie Übungen zum genauen „Hinsehen“ und Erkennen von Details einsetzen.

3. Förderung der parallelen Reizverarbeitung
Bei diesen Aufgaben üben die Schüler, zwei Reize gleichzeitig zu verarbeiten.

4. Förderung der selektiven Aufmerksamkeit
Der Schwerpunkt liegt auf der bewussten Ausblendung von Ablenkungen und der konzentrierten Arbeit an der gestellten Aufgabe.

5. Förderung der Daueraufmerksamkeit
Bearbeitet werden Aufgaben mit einem eher monotonen Charakter, die von den Schülern eine ausdauernde Vorgehensweise einfordern.

6. Förderung der Merkfähigkeit
Bei diesen Übungen sollen die Schüler sich verschiedene Dinge einprägen und diese abrufen können.

7. Förderung der Umschaltefähigkeit
Die Schüler trainieren bei diesen Aufgaben die Fähigkeit, ihre Konzentration zwischen zwei Reizen hin- und herzuschieben.

8. Förderung der Reaktionsfähigkeit und des Arbeitstempos
Ziel dieser Übungen ist es, das Arbeitstempo, also die Zeit für die Bearbeitung einer Aufgabe, altersgemäß zu beschleunigen.

9. Förderung der genauen und sorgfältigen Arbeitsweise
Die Aufgaben leiten die Schüler an, ihre Fehlerzahl zu reduzieren und auf die ordnungsgemäße Ausführung ihrer Arbeiten zu achten.

10. Förderung der Entspannungsfähigkeit
Diese Übungen zeigen den Schülern, wie sie sich mit einfachen Methoden entspannen können, um wieder zu einer konzentrierten Arbeitsweise zu finden.

Die vorliegenden Materialien sind sofort einsetzbar. Bitte beachten Sie Hinweise auf den folgenden Seiten. Sie sind für einige Seiten zum Ausführen der Aufgabe notwendig und beschreiben, in welcher Form Sie als Lehrkraft gegebenenfalls involviert werden. Es besteht kein aufsteigendes Leistungsniveau. Deshalb können Sie aus einzelnen Bereichen Übungen aussuchen, die Sie im Hinblick auf Ihre Schüler für wichtig halten. Alle Übungen sind weitgehend intelligenzunabhängig konzipiert. Die Schwerpunkte der Aufgaben beziehen sich auf die spezifische Problematik, die Lernende mit Konzentrationsschwierigkeiten haben.

Ich wünsche Ihnen viel Erfolg bei der Förderung Ihrer Schüler mit Konzentrationsschwierigkeiten.

Sandra Kroll- Gabriel

[1] Aus Gründen der besseren Lesbarkeit werden meist nur die männlichen Formen der Ansprache verwendet. Natürlich sind alle Geschlechter angesprochen. Ich bitte um Ihr Verständnis.

Hinweise zum Einsatz der Materialien

1. Förderung der auditiven Aufmerksamkeit

Silbenrätsel (KV 1)
Die Schüler sprechen die vorgegebenen Wörter und überprüfen durch lautes Syllabieren die Silbenanzahl. Diese kreuzen sie entsprechend in der Tabelle an. Bei Aufgabe 2 überlegen sie sich selbst Wörter und ermitteln die Silbenzahl.

Lustige Reimerei (KV 2)
Bei dieser Übung schulen die Schüler ihre auditive Aufmerksamkeit durch das Zuordnen und Finden von Reimwörtern. Die Wörter sollten laut gesprochen werden, damit der auditive Kanal gefördert wird.

Stilles Bild (KV 3)
Durch eine Stilleübung achten die Schüler bewusst auf Geräusche in ihrer Umwelt. Sie malen dazu ein Bild.

Stolperwörter (KV 4)
In jedem Satz hat sich ein Stolperwort eingeschlichen, das die Schüler durch lautes Lesen finden sollen. Bei Aufgabe 2 findet sich auf Textebene in jedem Satz ein Stolperwort.

Zuhörgeschichte (KV 5)
Lesen Sie den Schülern den Zuhörtext (S. 12) vor. Anschließend teilen Sie die Fragen aus. Die Schüler hören den Text erneut. Erst dann werden die Fragen beantwortet. Je nach Leistungsniveau kann auf ein zweites Vorlesen verzichtet werden.

2. Förderung der visuellen Aufmerksamkeit

Was passt nicht in die Reihe? (KV 6)
Durch genaues Vergleichen ermitteln die Schüler zuerst in jeder Reihe ein Emoticon, das nicht zu den anderen passt. Bei Aufgabe 2 sind es in jeder Reihe unterschiedliche Bilder. Auch hier sollten die Schüler wieder das Bild identifizieren, das nicht in die Reihe passt und so ihre visuelle Aufmerksamkeit trainieren.

Fehlersuchbild (KV 7)
Die Schüler vergleichen zwei Comicbilder und suchen im unteren Bild zehn Fehler beziehungsweise Unterschiede. Diese werden eingekreist.

Labyrinth (KV 8)
Bei beiden Aufgaben sollen die Schüler Wege durch ein Labyrinth finden. Der Schwierigkeitsgrad bei Aufgabe 2 ist deutlich höher. Es empfiehlt sich, den Weg hier zuerst mit dem Finger nachzuspuren.

Schuhchaos (KV 9)
Die Schüler sollen im Schuhchaos gleiche Paare finden und anmalen. Als Zusatzaufgabe können sie ihr eigenes Schuhpaar designen.

Bildersuche (KV 10)
Die Schüler suchen in einer Reihe von ähnlichen Bildern Zielfiguren. Diese sind links als Monster beziehungsweise Monsterfolgen angegeben. Die Unterschiede sind nur sehr gering. Deshalb Augen auf und genau schauen!

3. Förderung der parallelen Reizverarbeitung

Welches Wort passt nicht dazu? (KV 11)
Bei dieser Übung sollten Sie während der Bearbeitung in die Hände klatschen. Die Schüler suchen in jeder Reihe ein Wort, das nicht dazu passt und streichen es durch. Im Kopf zählen sie parallel dazu mit, wie oft geklatscht wurde. Wichtig ist, dass die Schüler keine Strichlisten machen, sondern wirklich die Reize gemeinsam verarbeiten. Sie können das Schwierigkeitsniveau erhöhen, indem Sie Rhythmen klatschen.

Wer bist du? (KV 12)
Die Schüler lesen Fragen und beantworten sie. Parallel dazu stehen sie vom Stuhl auf und setzen sich wieder. Die Reizverarbeitung ist durch die Bewegung besonders erschwert.

Gemüsemix (KV 13)
Nennen Sie durcheinander die Farben Rot, Gelb, Orange, Lila, Grün und Braun. Je nach genannter Farbe malen die Schüler das passende Gemüse an. Nennen sie Rot 5-mal, Gelb 2-mal, Orange 4-mal, Lila 4-mal, Grün 9-mal und Braun 5-mal.

Gegenteile (KV 14)
Die Schüler suchen in der Tabelle Gegenteile und markieren die Paare in gleicher Farbe. Als parallelen Reiz nennen Sie verschiedene Kriterien. Wenn ein Schüler dieses Kriterium erfüllt, muss er während der Bearbeitung aufstehen. Zum Beispiel: Junge, Mädchen, Kind, Bruder, Schwester, blonde Haare, sportlich, braune Haare, 11 Jahre alt, …

Farben hören (KV 15)
In einem Lesetext suchen die Schüler Farben und unterstreichen sie, wenn möglich passend. Anschließend wird die Aufgabe 2 in Partnerarbeit bearbeitet. Ein Schüler liest den Text. Der andere Schüler malt die Punkte in der jeweiligen Farbe an. Als Zusatzaufgabe dürfen sich die Schüler selbst lustige Farbnamen ausdenken und farbig aufschreiben.

4. Förderung der selektiven Aufmerksamkeit

Paare suchen (KV 16)
In verschiedenen Abbildungen suchen die Schüler jeweils identische Monsterpaare und trainieren ihre selektive Aufmerksamkeit.

Symbole zeichnen (KV 17)
Zuerst betrachten die Schüler die Beispiele. Anschließend zeichnen sie unter alle Bilder der Seite das entsprechende Symbol. Ein Partner stoppt dabei die Zeit. Wer schafft es am schnellsten? Wer schafft wie viele Bilder in zwei Minuten?

Muster (KV 18)
Zuerst spielen die Schüler zu zweit das Spiel „Statuen bauen". Ein Schüler ist der Baumeister und der andere die Statue. Der Baumeister darf nun Arme, Beine, Kopf, Hände und Füße der Statue in verschiedene Positionen bringen und so die Statue bauen. Ist die Statue fertig, werden die Rollen getauscht. Dann zeichnen sie ein geometrisches Muster nach Vorgabe weiter. Dabei darf der Partner versuchen, den Zeichner abzulenken. Achtung: Körperkontakt ist verboten!

Spiegelschrift (KV 19)
Die Schüler lesen einen Text zum Thema „Werbung", der zuerst in Spiegelschrift, dann abgedeckt und zum Schluss rückwärts gedruckt ist. Sie suchen anschließend einen Absatz aus und schreiben diesen richtig auf. Ein Partner versucht dabei wieder, den Schreiber abzulenken. Die Rollen werden anschließend getauscht.

Emoticons (KV 20)
Bei dieser Übung vervollständigen die Schüler lustige Emoticons.

5. Förderung der Daueraufmerksamkeit

Abc vorwärts und rückwärts (KV 21)
Durch verschiedene Übungen zum Alphabet (rückwärts aufschreiben, Wörter rückwärts lesen und schreiben) trainieren die Schüler ihre Daueraufmerksamkeit und ihre schulische Ausdauer.

Zungenbrecher (KV 22)
Die Schüler lesen Zungenbrecher, trennen die Wörter ab und markieren häufige Buchstaben. Die Übung ist sehr monoton und fördert so die Daueraufmerksamkeit.

Mein Schulweg (KV 23)
In Gedanken gehen die Schüler ihren Schulweg ab und zeichnen ihn anschließend aus dem Gedächtnis auf. Anschließend erklären sie den Weg mit allen wichtigen Stationen einem Partner.

Kettenrechnung (KV 24)
Die Schüler lösen Kettenrechnungen mit steigendem Anforderungsniveau und setzen Zahlenfolgen fort. Bei dieser Übung dürfen die Schüler nicht miteinander sprechen. Das ausdauernde Arbeiten ohne Unterbrechung wird dadurch trainiert.

6. Förderung der Merkfähigkeit

Weiße Wand (KV 25)
Zuerst drehen sich die Schüler um und betrachten eine Minute lang eine Wand. Anschließend malen sie aus dem Gedächtnis alle Details auf. Wichtig ist, dass sie sich in dieser Phase nicht mehr umdrehen, sondern nur aus der Erinnerung malen.

Bilddiktat (KV 26)
Die Schüler lesen eine Beschreibung und markieren Schlagwörter. Der Text wird dann abgedeckt oder umgeknickt. Aus dem Gedächtnis malen die Schüler nach der gelesenen Beschreibung ein Bild.

Wörter-Merkfix (KV 27)
Sieben Dinge kann ein Mensch in relativ kurzer Zeit im Gedächtnis abspeichern. Dies trainieren die Schüler anhand von immer länger werdenden Wörter- und Zahlenketten. Aufgabe 2 sollte in Partnerarbeit bearbeitet werden. Ein Schüler liest die Zahlen. Der Partner spricht sie zuerst vorwärts und dann in einer zweiten Runde rückwärts nach.

Was fehlt? (KV 28)
Die Schüler versuchen, sich sieben Gegenstände einzuprägen und in Bildabfolgen jeweils den fehlenden Gegenstand zu finden und zu ergänzen.

Namen merken (KV 29)
Zuerst lesen die Schüler eine Geschichte, markieren alle Vornamen im Text und prägen sich diese gut ein. Bei Aufgabe 2 schreiben sie alle Namen, die sie noch wissen auf. Diese Übung kann in Partner- oder Gruppenarbeit gut durchgeführt werden. Die Ergebnisse werden so gemeinsam verglichen.

7. Förderung der Umschaltefähigkeit

Spiegelbild (KV 30)
Zu Beginn betrachten sich die Schüler in einem Spiegel und erkunden ihr Spiegelbild. Bei der zweiten Aufgabe suchen sie sich einen Partner. Ein Schüler ist der Spiegel und macht Bewegungen vor, der Partner macht die Bewegungen als Spiegelbild nach. Anschließend betrachten die Schüler Spiegelbilder und kreuzen an, welches Körperteil gemeint ist. Links oder rechts? Bei Aufgabe 4 sollen die Schüler Aussagen zu einem Foto überprüfen. Auch hier müssen sie in Gedanken umschalten, da die Schüler mit dem Rücken zum Betrachter abgebildet sind.

Würfelspielerei (KV 31)
Bei diesen Aufgaben ergänzen die Schüler fehlende Augenzahlen auf Würfelseiten und in Würfelnetzen. Bei Aufgabe 1 gibt es immer zwei Möglichkeiten, abhängig von der Anordnung der Würfelaugen.

Würfelkippelei (KV 32)
Bei diesen Aufgaben kippen die Schüler einen Würfel sechsmal nach Vorgabe. Zunächst können sie die Augenzahlen für jeden Schritt einzeichnen, dann sollen sie sich dies merken und nur die Verteilung der Augenzahlen in der Abschlussposition einzeichnen. Die Schüler können konkret mit Würfeln hantieren oder sie rein im Kopf kippen.

Geheimschrift (KV 33)
Ein Text in abgedeckter Schrift leitet die Schüler zum Abrufen ihres Sichtwortschatzes an. Sie lesen den Text zuerst und schreiben ihn anschließend ab.

8. Förderung der Reaktionsfähigkeit und des Arbeitstempos

Stadt, Land, Fluss (KV 34)
Das bekannte Spiel „Stadt, Land, Fluss" steht in zwei Varianten zur Verfügung und trainiert das Arbeitstempo ihrer Schüler.

Buchstabenmix (KV 35)
Die Schüler suchen in einem Buchstabensalat Zielwörter und markieren sie. Ein Partner stoppt die Zeit. Bei Aufgabe 2 trennen sie Wörter in Schlangensätzen ab, bevor sie die Sätze richtig aufschreiben.

Substantive-Abc (KV 36)
Zuerst spielen die Schüler das Spiel „Substantive-Abc" nach Anleitung. Anschließend suchen sie zusammengesetzte Nomen, markieren sie in gleicher Farbe, bevor sie ihre Top-5 in einer besonders schönen Schrift aufschreiben.

Würfelstreichen (KV 37)
Das Spiel Würfelstreichen trainiert die Reaktionsfähigkeit. Die Schüler würfeln abwechselnd und streichen die entsprechende Augenzahl auf dem Spielplan weg.

9. Förderung der genauen und sorgfältigen Arbeitsweise

Arbeitsplatz (KV 38)
Die Schüler überlegen, wie ihr optimaler Arbeitsplatz aussehen könnte und was sie brauchen, um gut arbeiten und lernen zu können. Sie erstellen dazu eine Mindmap, die sie mit einem Partner besprechen. Den Abschluss bildet ein Impuls zur Veränderung. Die Schüler überlegen, wie sie ihren Arbeitsplatz umgestalten könnten. Sie sollen ihren „Wohlfühl- Arbeitsplatz" skizzieren oder fotografieren und das Bild aufkleben.

Hefte- und Schultaschen-Check (KV 39)
Eine Checkliste leitet die Schüler zum Hefte- und Schultaschencheck an.

Graffiti (KV 40)
Durch das sorgfältige Ausmalen und eigene Entwerfen von Graffitibildern trainieren die Schüler ihre sorgfältige Arbeitsweise.

Lustige Bilder (KV 41)
Kennen Sie Drudelbilder? Das sind sehr einfache, lustige Bilder, die nur schematisch dargestellt sind. Die Schüler verbinden die Bilder mit der passenden Erklärung und zeichnen anschließend selbst lustige Bilder. Der Schwerpunkt liegt auf dem Gebrauch des Lineals und der Verwendung eines gespitzten Bleistifts zur Förderung der sorgfältigen Arbeitsweise.

10. Förderung der Entspannungsfähigkeit

Stress-Reduktionspunkte, Aufwecker und Co. (KV 42)
Diese einfachen Übungen dienen zur Entspannung und sind sehr schnell in verschiedenen Phasen des Unterrichts einsetzbar. Entspannungsfähigkeit ist eine Grundvoraussetzung für Konzentration und sollte im schulischen Alltag einen festen Platz finden.

Atemrhythmus und Akku-Laden (KV 43)
Die Schüler beobachten ihren Atemrhythmus und zeichnen ihn auf. Eine Entspannungsgeschichte leitet sie bei Aufgabe 2 an, ihren Akku (im übertragenen Sinne) wieder aufzuladen.

Klassenzimmer-Workout (KV 44)
Auch durch Bewegung können wir uns entspannen und konzentriert arbeiten. Die abgebildeten Übungen sind schnell durchzuführen. Der Schwerpunkt liegt neben der allgemeinen Bewegung auf sogenannten Überkreuzbewegungen durch die Körpermitte. Dies fördert besonders die Konzentrationsfähigkeit der Schüler.

Name: ______________________ Datum: ______________ KV 1

Silbenrätsel

1. Wie viele Silben hat das Wort? Kreuze an.

	1	2	3	4	5	6	7
SCHOKOLADENEI							
GUMMIBÄRCHENTÜTE							
MEGACOOL							
LOL							
EISWAFFEL							
TURNSCHUHSCHNÜRSENKEL							
FEDERMÄPPCHEN							
CHATVERLAUF							
SMARTPHONEHÜLLE							
SIEGEREHRUNG							
NAGELLACKENTFERNER							
UMWELTSCHUTZZENTRUM							
ROHKOSTTELLER							
VEGETARIERINNEN							
WATTEBAUSCH							
FERIENANFANG							
SCHULSCHLUSS							

2. Finde selbst Wörter. Sprich sie laut und deutlich. Kreuze die Silbenzahl an.

	1	2	3	4	5	6	7

Name: ______________________________ Datum: _______________ KV 2

Lustige Reimerei

1. Lies die Wörter laut vor. Finde das Reimwort. Verbinde beide Wörter.

Keller
Trauben
Daumen
Kette
Schatz
Tuch
Wanne
Hund
Schlange
Blitz
Kuh
Rose
glitschig
breit
träumen
lahm
kaufen
eckig
heiß

Witz
kitschig
Mund
Teller
schäumen
Pfanne
Pflaumen
laufen
Wette
Zange
Hose
Schuh
fleckig
Buch
weiß
zahm
Schrauben
weit
Platz

2. Finde selbst Reimwörter.

Wiege	
Pudel	
Lack	
Klee	
Fahne	
Gabel	
Stecker	

Tasche	
Seil	
Sonne	
Kraft	
Bank	
Schlüssel	
Reifen	

Name: ______________________ Datum: ____________ KV 3

Stilles Bild

1. Du bist drei Minuten ganz still. Zeichne und schreibe, was du hörst.

2. Öffne nun das Fenster. Lausche wieder 3 Minuten, dann male und schreibe auf, was du hörst.

Name: ______________________ Datum: ______________ KV 4

Stolperwörter

1. Lies die Sätze laut und finde in jedem Satz ein Stolperwort. Streiche es durch.

In der durstigen Wüste gibt es kein Wasser.

Im Garten blühen bunte Blumen Bäume.

Magst Schokolade du gerne Nudeln?

Das Heft liegt auf dem Tisch Schultasche.

Der Bleistift anspitzen ist abgebrochen.

Schokolade bitter schmeckt süß.

Ich Angst gehe nicht gerne zum Zahnarzt.

Heute regnet scheint die Sonne.

Im Sommer gehen wir zum Baden Skilaufen.

Im Winter schmilzt bauen wir einen Schneemann.

Unser Klassenzimmer ist oft kehren schmutzig.

Ich spiele möchte gerne Gitarre lernen.

Sarah schreibt Texte coole Geschichten.

Im Kunstunterricht schreibe zeichnen wir ein Graffiti.

2. Lies den Text laut und finde in jedem Satz ein Stolperwort. Streiche es durch.

Heute erledigt Timon seine Schule Hausaufgaben schneller als sonst. Er hat gestern noch etwas Besonderes vor. Er muss noch die neue Klassenlektüre anfangen zu Ende lesen. Zum Glück ist sie richtig langweilig spannend. Das Tuch Buch liegt schon bereit. Gestern hat er bereits 4 Kapitel Kanister gelesen. Timon kann das Ende nicht mehr abgucken abwarten. Nach dem Schlafen Lesen rechnet er Mathematikaufgaben. Die großen Zahlen Buchstaben sind echt schwer. Aber er schafft es langsam schnell. Und jetzt kann er endlich ins Freibad gehen baden.

Name: ______________________ Datum: ______________ **KV 5**

Zuhörgeschichte

1. Höre dir die Geschichte an. Beantworte anschließend die Fragen.

Wie heißt der Radiosender?

◯ Regenbogen ◯ Sonnenwelle ◯ Hitradio

An welchem Tag wurde der Beitrag gesendet?

____

An welche Zielgruppe richtet sich der Radiosender?

◯ Familien ◯ Senioren ◯ Kids und Teens

Wie ist das Wetter?

◯ heiß ◯ warm ◯ megaheiß

Welche Gefahr droht bei diesem Wetter?

◯ Erkältung ◯ Sonnenstich ◯ Grippe

Was kannst du tun, damit du bei diesen Temperaturen gesund bleibst?

◯ Sonnenschutz ◯ Eis essen ◯ Rad fahren

Wie lautet die E-Mail-Adresse des Radiosenders?

____

____

2. Verbinde mit der richtigen Antwort.

Was bietet die Stadt München an?	Mitmach-Zoo
Was ist in Nürnberg geboten?	Dancecamp
Was kann man in Stuttgart unternehmen?	Miniatur Wunderland
Was kann man in Hamburg machen?	Konzert mit Jam-Session

Zuhörtext

Radio Sonnenwelle – der Teenie-Radiosender Deutschlands

Heute ist Montag, der 6. August 2018. Sie hören nun die aktuellen Nachrichten aus Deutschland. Alles, was Kids und Teens interessiert. Was ist los in der Region? Wo geht etwas ab? Wie wird das Wetter in den nächsten Tagen?

Es ist Sommer und megaheiß.

Ein aktueller Vorfall gibt Anlass zur Besorgnis. Mehrere Mädchen und Jungen wurden mit einem Sonnenstich in Krankenhäuser eingeliefert. Deshalb die Warnung: Unterschätzt die Sonne nicht!

Achtet auf ausreichend Sonnenschutz! Ein Sonnenstich kann richtig gefährlich werden. Trinkt ausreichend, damit euer Körper gut mit Flüssigkeit versorgt ist!

Auch in den nächsten Tagen erwarten wir in ganz Deutschland Temperaturen um die 32 Grad. Erst mit Beginn der nächsten Woche kühlt es durch ein aufziehendes leichtes Tief auf angenehme 25 Grad ab.

Was ist geboten? Wo könnt ihr Spaß haben?

In Hamburg könnt ihr das Miniatur Wunderland mit der weltgrößten Modelleisenbahn bewundern. Die Stadt München bietet ein Dancecamp an. Eine Woche lang könnt ihr zu coolen Beats anspruchsvolle Choreografien einstudieren. In Nürnberg findet in der Fußgängerzone ein Konzert mit Jugendbands statt. Wer Lust hat, kann in der Jam-Session mitmachen. Im Stuttgarter Zoo kann man eine Woche lang bei der Versorgung der Tiere mithelfen. Das ist ein ideales Praktikum für Tierfreunde. Außerdem gibt es für alle Helfer ein kleines Taschengeld. Was ist bei euch los? Habt ihr einen passenden Beitrag? Dann mailt uns diesen unter Radio@sonnenwelle.de!

Jetzt dürft ihr euch auf die neuesten Sommerhits freuen. Das bringt gute Laune. Behaltet einen kühlen Kopf und plant einen Abstecher in die Eisdiele ein!

Name: ______________________________ Datum: ______________ **KV 6**

Was passt nicht in die Reihe?

1. Welches Emoticon passt nicht in die Reihe? Kreuze an.

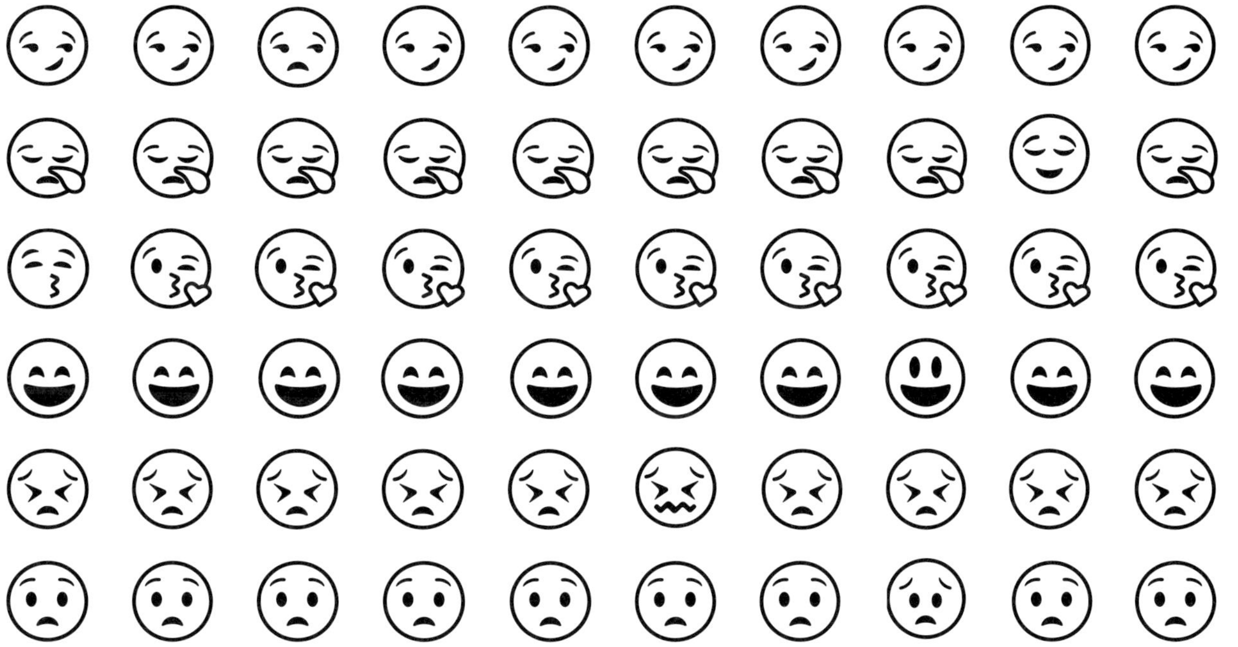

2. Welches Bild passt nicht in die Reihe? Kreise ein.

Emoticons: Shutterstock.com/PremiumVector; Obst: Shutterstock.com/Angelina De Sol; Gemüse: Shutterstock.com/VasilkovS

Name: ______________________________ Datum: ______________ **KV 7**

Fehlersuchbild

Vergleiche die Bilder.
Im unteren Bild haben sich 10 Fehler eingeschlichen. Kreise sie ein.

Name: ______________________ Datum: ______________ KV 8

Labyrinth

1. Auf welchem Weg kommt Jamil zu Emil?

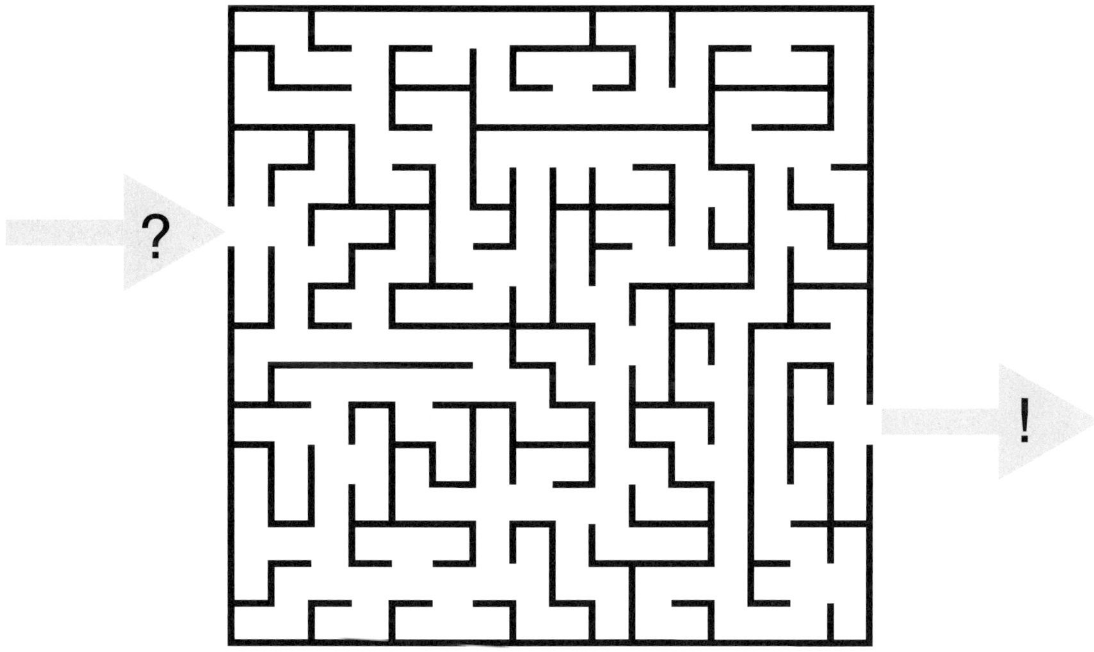

2. Mit wem telefoniert Jamil? Mit Gesprächspartner 1, 2 oder 3?

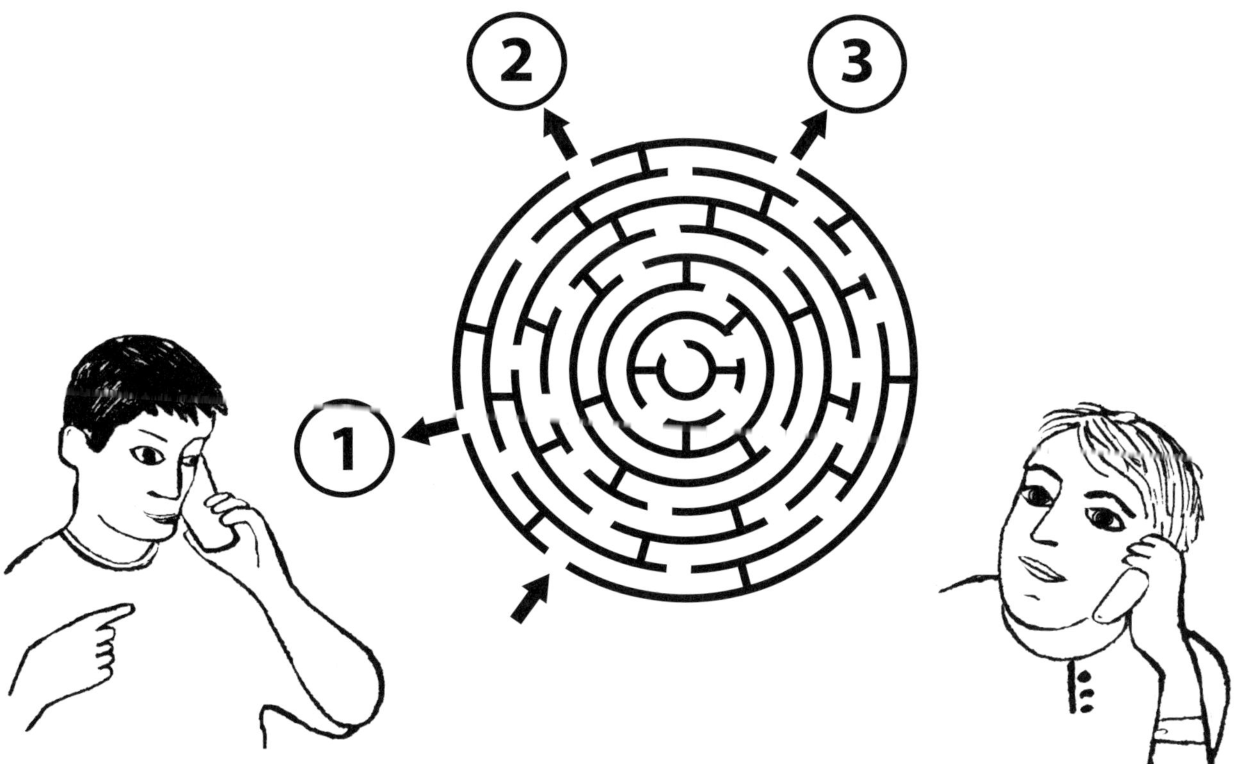

Eckiges Labyrinth: Shutterstock.com/khaladok; Rundes Labyrinth: Shutterstock.com/moj0j0

Name: ______________________________ Datum: ______________ KV 9

Schuhchaos

1. Finde gleiche Schuhpaare und male sie an.

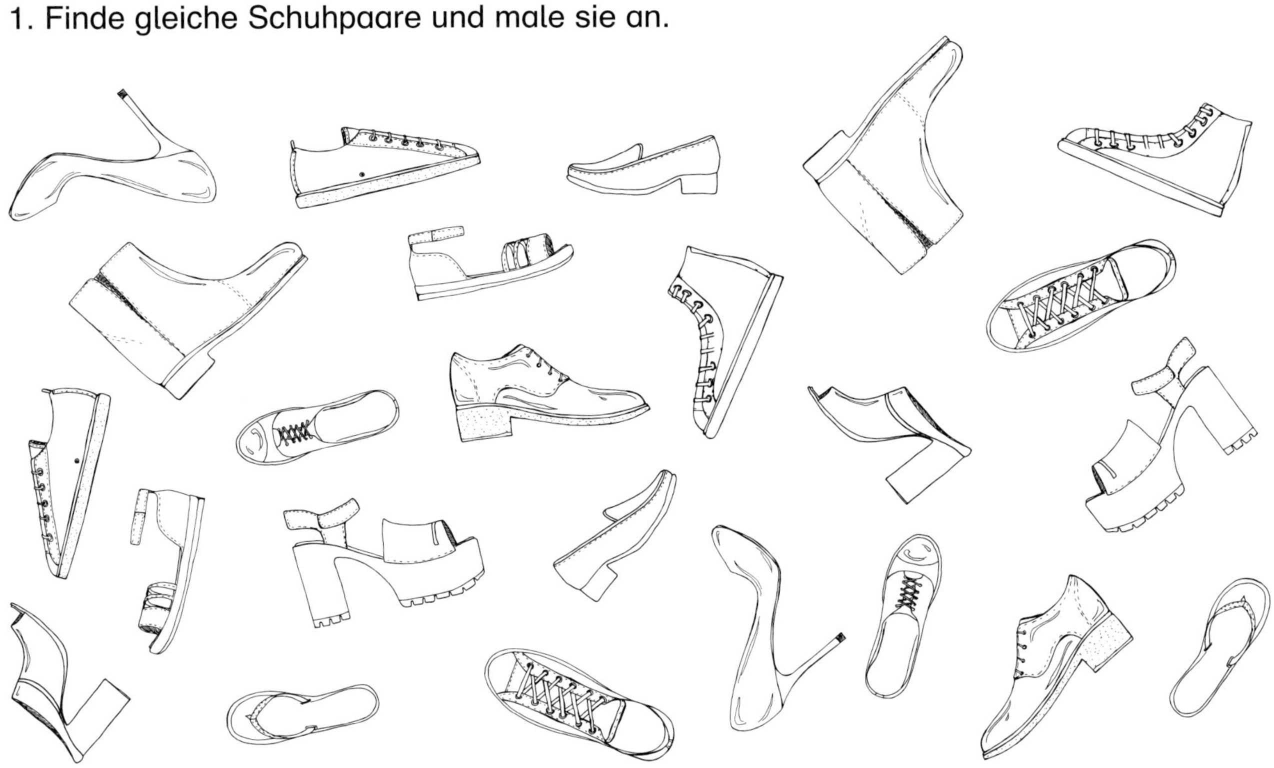

2. Designe dein eigenes Paar Schuhe.

Name: ______________________________ Datum: ______________ **KV 10**

Bildersuche

1. Wie oft findest du das Monster? Markiere es.

Finde diese Figur:

2. Wie oft findest du genau diese Monsterreihe? Markiere sie.

Finde diese Reihe:

Name: ______________________ Datum: ______________ **KV 11**

Welches Wort passt nicht dazu?

Lies die Wörter. Welches Wort passt nicht in die Reihe? Streiche es durch.
Zähle mit, wie oft während der Übung geklatscht wurde.

Hand | Fuß | Kopf | Finger | Zehen | Schuh | Nase

Frankfurt | München | Dresden | Donau | Berlin | Hamburg

Heft | Pausenbrot | Buch | Stift | Füller | Zirkel | Spitzer

Kaktus | Ahorn | Birke | Buche | Eiche | Kiefer | Fichte | Tanne

Tom | Jan | Noah | Anna | Nils | Mohamed | Tim | Ben | Ole

Hose | Jacke | Rock | Kette | Socken | T-Shirt | Pullover

Computer | Fernsehen | Playstation | Zeitschrift | Handy | Tablet | DVD-Player

Frühling | Sommer | Oktober | Winter | Herbst

Affe | Pferd | Esel | Maus | Tiger | Dinosaurier | Katze | Hund

lila | gelb | rosa | rot | tot | grau | grün | braun

Montag | Mittwoch | Freitag | Dienstag | Geburtstag | Sonntag

Lena | Laura | Lilly | Luisa | Lotta | Liane | Lola | Leander

Spree | Donau | Main | Elbe | Nil | Oder | Rhein | Neckar | Wesel

Birne | Ananas | Apfel | Gurke | Kiwi | Weintrauben | Mandarine

Es wurde ________ geklatscht.

Name: ______________________ Datum: ____________ KV 12

Wer bist du?

1. Beantworte die Fragen. Stehe beim Lesen auf und setze dich beim Beantworten wieder auf deinen Stuhl.

Wie heißt du? ______________________

Wo wohnst du? ______________________

Wie alt bist du? ______________________

Wann hast du Geburtstag? ______________________

Hast du Geschwister? ______________________

Was ist dein Lieblingsgericht? ______________________

Was ist eine coole Sportart? ______________________

Wohin würdest du gerne einmal reisen? ______________________

In welche Schule gehst du? ______________________

Was ist dein Lieblingsfach? ______________________

Wie viele Schüler gehen in deine Klasse? ______________________

Was ist deine Lieblingsfarbe? ______________________

Wer ist dein Superstar? ______________________

Welche Serie schaust du gerne? ______________________

2. Suche dir nun einen Partner. Stellt euch die Fragen mündlich. Der Partner, der beantwortet, macht bei jeder Antwort eine Kniebeuge.

Wie hat die Übung geklappt? Kreuze an. 

Was war leicht? ______________________

Was war schwer? ______________________

Name: ______________________________ Datum: ______________ KV 13

Gemüsemix

Höre genau auf die Farbe. Male jeweils ein farblich passendes Gemüse aus.

Gemüse: Shutterstock.com/VasilkovS

Name: ______________________ Datum: ____________ KV 14

Gegenteile

Suche zu jedem Wort das Gegenteil.
Verbinde die zusammengehörigen Wörter.
Höre außerdem deiner Lehrkraft zu.
Jedes Mal, wenn du gemeint bist, stehst du auf.
Zähle im Kopf mit, wie oft du aufgestanden bist.

schwarz	spät
hoch	klein
gut	Süd
arm	sauer
laut	weiß
neu	reich
Frühling	Sommer
früh	dunkel
heiß	krank
hell	Nacht
süß	leise
schnell	tief
Ost	fleißig
richtig	alt
groß	fern
nah	billig
teuer	langsam
faul	Herbst
dick	kurz
gesund	kalt
Tag	dünn
lang	falsch
Nord	West
Winter	schlecht

Ich bin ________ aufgestanden.

Name: ______________________ Datum: ______________ KV 15

Farben hören

1. Lies den Text. Markiere alle Farben.

a) In Braunberg ist heute der Dieb Sigi Schwarzburg ausgebrochen. Der Polizist Benno Blaulicht nahm sofort die Verfolgung auf.

b) „Eier sind gesund, vor allem das Eigelb“, sagt die Ernährungswissenschaflerin Rosa zu Rotburg.

c) Der rote Fliegenpilz ist sehr giftig. Aber auch beim grünen Knollenblätterpilz solltest du vorsichtig sein.

d) Die sonnengelbe Sonne strahlt am himmelblauen Himmel. Morgen soll es regnen. Dann wird das Wetter wieder mausgrau.

e) In Schwarzach eröffnet bald ein neues Restaurant. Familie Grünlich zieht aus Weißenburg hierher und übernimmt den goldenen Krug.

f) Die berühmte Sängerin Violetta Pink hat heute einen Auftritt in der Stadthalle von Weißenburg.

g) Orangen schmecken oft saurer als Mandarinen.

h) Das Brot der Bäckerei Blaupunkt ist besonders lecker.

i) Im Schwarzwald gibt es zahlreiche Grünflachen.

j) Texte in Prosa enthalten meist keine Reime.

2. Arbeitet zu zweit. Einer liest den Text. Wenn der andere eine Farbe hört, malt er einen Punkt in dieser Farbe auf das Blatt. Wechselt euch ab.

○ ○ ○ ○ ○ ○ ○ ○ ○ ○ ○ ○

○ ○ ○ ○ ○ ○ ○ ○ ○ ○ ○ ○

3. Denkt euch eigene Sätze mit Farben aus. Schreibt sie hier in der jeweiligen Farbe auf.

____

____

____

____

____

Name: ______________________ Datum: ______________ **KV 16**

Paare suchen

Finde jeweils gleiche Paare. Kreise sie ein.

a)

b)

c)

d)

e)

f)

Monster: Shutterstock.com/Daniela Barreto

Symbole zeichnen

Zeichne unter jedes Bild das passende Symbol. Dein Partner stoppt die Zeit.

Name: ______________________ Datum: ____________ KV 18

Muster

1. Spielt zu zweit das Spiel „Statuen bauen“. Einer darf aus dem anderen eine Statue bauen, indem er seine Hände, Beine, Arme und Füße in verschiedene Positionen bringt. Dieser darf dabei nicht lachen.

2. Zeichne das Muster weiter. Dein Partner versucht dich abzulenken. Er darf dich dabei nicht berühren! Du darfst nicht reagieren.

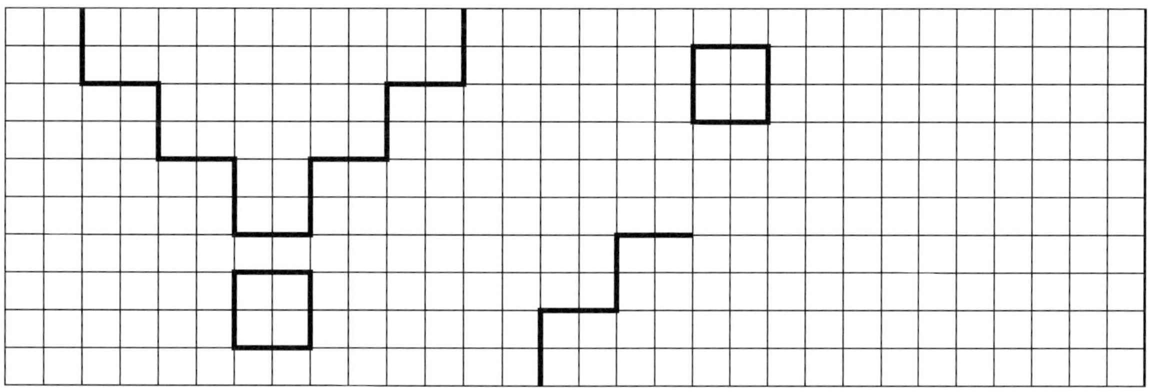

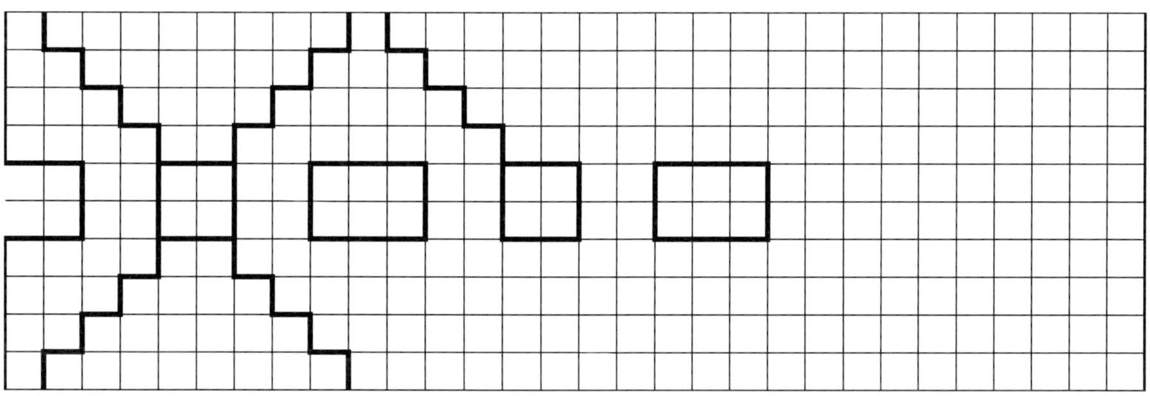

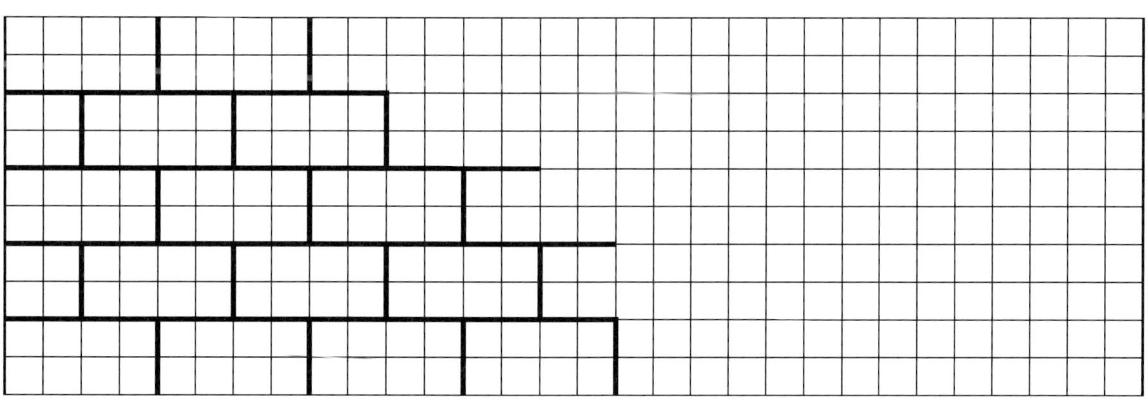

Name: ______________________ Datum: ____________ **KV 19**

Spiegelschrift

1. Lies den Text.

Werbung

Werbung, sie ist einfach überall. Sie ist bunt, sie ist grell und sie möchte zum Kauf anregen. Das ist das Ziel der Werbemacher. Sie möchten dich zum Kaufen verführen. Auch wenn du das Produkt im Moment nicht brauchst. In der Werbung sieht alles sehr viel cooler aus. Dafür haben die Werbeprofis einige Tricks auf Lager.

sE nedrew muz leipsieB lefpÄ tim retor ebraF tlednaheb, timad eis hcon rednekcolrev ,nehessua redo ned nekruG dirw tim lÖ nie rerednoseb znalG .trebuazeg uD tskrem, eid gnubreW thcsuät .hcid srednoseB tug treinoitknuf gnubreW tim netnnanegos snagolsebreW redo nehcafnie nredeiL dnu .neidoleM eseiD nebielb sla etnnanegos"remrüwrhO„mi .sithcädeG tshetS ud nnad mi ,nedaL tsrennire ud hcid narad dnu tsfuak sad .tkudorP eiD gnubreW tah rhi leiZ .thcierre

Es ist nicht leicht, der Werbung zu widerstehen. Denn sie begegnet uns wirklich ständig in allen Formen der Medien. Kein Film im Fernsehen ohne Werbeunterbrechung, kein Radio ohne Werbeblocks, und selbst auf den Straßen stehen große Plakatwände mit Werbung.
Überlege deshalb ganz genau, wofür du dein Taschengeld ausgibst. Brauchst du das Produkt wirklich, oder bist du auf die Werbung „hereingefallen"?

2. Arbeitet zu zweit. Einer sucht sich einen Abschnitt aus und schreibt den Text auf. Der andere versucht, ihn dabei abzulenken. Wie oft schafft er es? Tauscht dann die Rollen.

____

____

____

____

____

____

Name: ______________________ Datum: ______________ **KV 20**

Emoticons

Zeichne die Emoticons nach.

Emoticons: Shutterstock.com/Ann Precious

Name: ______________________ Datum: ____________ KV 21

Abc vorwärts und rückwärts

1. Kennst du das Alphabet? Ergänze die fehlenden Buchstaben.

A ___ C D E F ___ H ___ J ___ L M

N ___ P Q ___ S ___ ___ V ___ X ___ Z

2. Schreibe das Alphabet rückwärts auf.

___ ___ ___ ___ ___ ___ ___ ___ ___ ___ ___ ___ ___

___ ___ ___ ___ ___ ___ ___ ___ ___ ___ ___ ___ ___

3. Lies die Wörter. Schreibe sie richtig auf.

NEIREFREMMOS ______________________

ETROTNEDALOKOHCS ______________________

DABIERF ______________________

THCIRRETNUTROPS ______________________

4. Schreibe die Wörter rückwärts auf.

Bahnticket ______________________

Feiertag ______________________

Urlaubsflug ______________________

Hamburg ______________________

Weihnachtsbaum ______________________

5. Überlege dir weitere Wörter und schreibe sie rückwärts auf.

______________________ ______________________

______________________ ______________________

Name: ______________________________ Datum: ______________ **KV 22**

Zungenbrecher

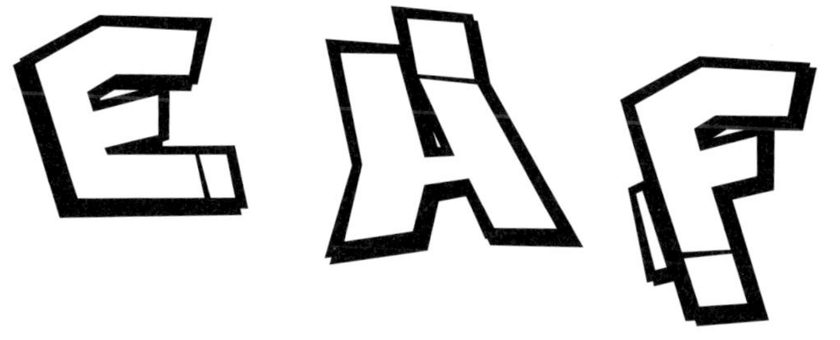

1. Lies die Zungenbrecher.

FISCHERSFRITZFISCHTFRISCHEFISCHE.
FRISCHEFISCHEFISCHTFISCHERSFRITZ.

HANINHACKTHEUTEHOLZ.HACKTHANINHEUTEHOLZ?
HOLZHACKTHANINHEUTE.HEUTEHACKTHANINHOLZ.

KALLEKLAUTKIRSCHEN.KIRSCHENKLAUTKALLE.KLAUTKALLEKIRSCHEN?

ESELESSENERBSEN.ESSENESELERBSEN?ERBSENESSENESEL.

LEOLUTSCHTLILALOLLIS.LUTSCHTLEOLILALOLLIS?LILALOLLISLUTSCHTLEO.

ZEHNZÄHNEHABENZAHNWEH.ZAHNWEHHABENZEHNZÄHNE.
HABENZEHNZÄHNEZAHNWEH?

TOBITRÄUMTTOLLETRÄUME.TRÄUMTTOBITOLLETRÄUME?
TOLLETRÄUMETRÄUMTTOBI.

SIEBZIGSMSSENDETSAMSARAH.SAMSENDETSARAHSIEBZIGSMS.
SENDETSAMSARAHSIEBZIGSMS?

HATHALILSEINHIPPESHANDYINDERHAND?
HALILHATSEINHIPPESHANDYINDERHAND.
SEINHIPPESHANDYHATHALILINDERHAND.

COOLEKÜHEKÜHLENSICHIMKÜHLENKÜHLBACHAB.
ÜHOEKÜHEIMKÜHLENKÜHLBACHAB?
IMKÜHLENKÜHLBACHKÜHLENSICHCOOLEKÜHEAB

2. Markiere Wortgrenzen mit |.

3. Markiere jeweils die häufigen Buchstaben bzw. Laute in den Zungenbrechern.

4. Schreibe einen eigenen Zungenbrecher.

____

____

____

Graffity: Shutterstock.com/Doozie Dozer

Name: ______________________ Datum: ______________ **KV 23**

Mein Schulweg

1. Schließe die Augen. Stelle dir in Gedanken deinen Schulweg vor.

2. Skizziere deinen Schulweg. Beschrifte die einzelnen Stationen.

Ziel

Start

3. Suche dir einen Partner. Beschreibe deinen Schulweg.
   Dein Partner skizziert ihn. Vergleicht eure Skizzen.

Name: ______________________ Datum: ______________

Kettenrechnung

1. Rechne die Additionsaufgaben. Addiere anschließend alle Ergebnisse. Überprüfe dein Ergebnis mit der Lösungszahl.

3 + 5 + 6 = _____

5 + 5 + 3 + 2 = _____

2 + 4 + 5 + 2 + 1 + 5 = _____

2 + 3 + 4 + 5 + 6 + 7 + 8 = _____

6 + 5 + 5 + 3 + 2 + 1 + 4 = _____

8 + 2 + 3 + 5 + 6 + 3 + 3 + 2 = _____

4 + 5 + 5 + 3 + 2 + 2 + 1 + 6 + 7 = _____

9 + 6 + 4 + 2 + 1 + 3 + 5 + 6 + 9 + 3 = _____

___ + ___ + ___ + ___ + ___ + ___ + ___ + ___ = 224

2. Rechne die Subtraktionsaufgaben. Subtrahiere die Ergebnisse von 300. Überprüfe dein Ergebnis mit der Lösungszahl.

22 – 3 – 4 = _____

33 – 5 – 6 – 2 = _____

44 – 8 – 9 – 2 – 3 = _____

55 – 7 – 3 – 2 – 5 – 6 = _____

66 – 5 – 4 – 3 – 2 – 7 – 8 = _____

77 – 2 – 8 – 5 – 6 – 3 – 2 – 6 = _____

88 – 3 – 1 – 5 – 6 – 8 – 3 – 2 – 4 = _____

99 – 5 – 6 – 1 – 2 – 7 – 4 – 3 – 6 – 7 – 8 = _____

300 – ___ – ___ – ___ – ___ – ___ – ___ – ___ – ___ = 277

3. Ergänze die Zahlenfolgen.

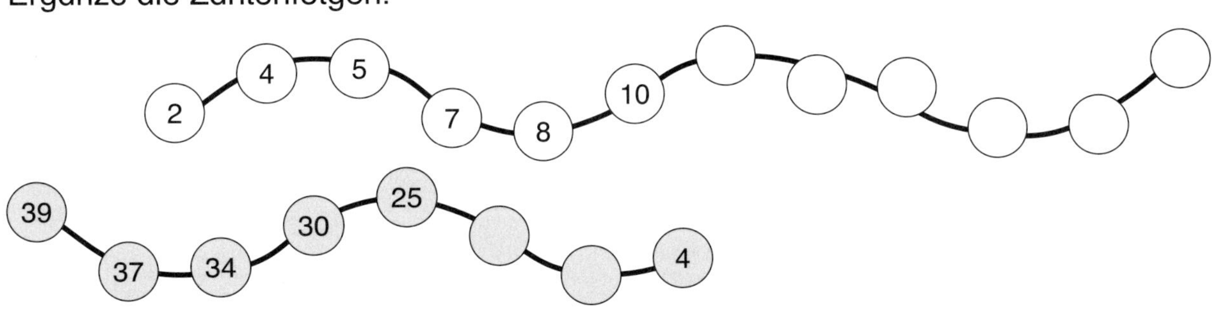

Name: ______________________________ Datum: _______________ KV 25

Weiße Wand

1. Drehe dich um und betrachte eine Minute lang eine Wand deines Klassenzimmers. Drehe dich zurück und zeichne und schreibe alles auf. Beginne mit den großen Dingen, mache dann mit den Details weiter.

2. Vergleiche nun deine Liste mit der Wand. An was hast du dich erinnert? Notiere: Was fehlt? Vergleiche mit einem Partner.

___

___

___

Name: ______________________ Datum: ____________ KV 26

Bilddiktat

1. Lies die Anweisung und markiere wichtige Schlagwörter:
   Zeichne eine Sonne in die rechte Ecke des Bildes. Unten auf dem Bild ist eine Straße. Neben der Sonne sind zwei graue Wolken. Auf der linken Seite ist ein großer Baum. In der Mitte ist der Eingang zu einer U-Bahnstation. Rechts davon ist eine Bushaltestelle mit einem Bus. 3 Menschen stehen an der Bushaltestelle. An dem Baum lehnt ein Mädchen. Aus dem Bus winkt ein Junge dem Mädchen zu.

---

2. Knicke das Blatt um. Zeichne jetzt das Bild aus deinem Gedächtnis.

3. Vergleiche nun dein Bild mit dem Text. Konntest du dir alle Details merken? Notiere.

   Ich habe mir ______ von ______ Details gemerkt.

   Wie war es? Kreuze an.

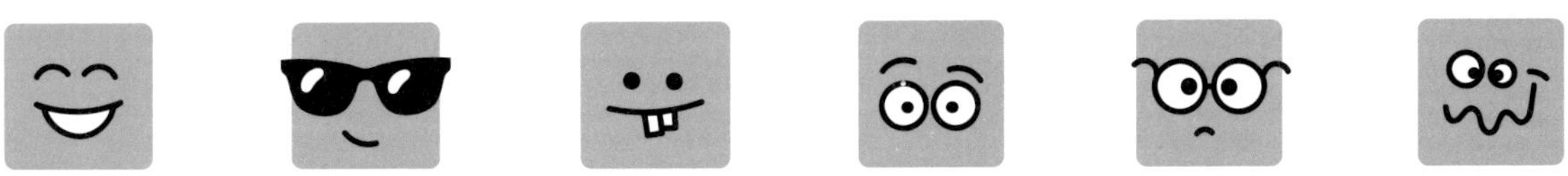

Name: ______________________ Datum: ____________ KV 27

Wörter-Merkfix

1. Lies jeweils die Wortreihe. Decke sie dann ab und schreibe die Wörter aus dem Gedächtnis auf.

Handy – Sonnenbrille – Jacke

____

Formelsammlung – Mathematikbuch – Zirkel – Taschenrechner

____

Messer – Teller – Becher – Gabel – Serviette

____

Shampoo – Dusche – Zahnpasta – Kamm – Zahnbürste – Handtuch

____

Klingel – Licht – Reifen – Satteltasche – Gepäckträger – Helm – Bremse

____

____

2. Trainiert zu zweit. Einer liest die Zahlenreihe vor. Der andere prägt sich die Abfolge ein und spricht sie nach. In der ersten Runde spricht man die Zahlenfolge vorwärts, in der zweiten Runde rückwärts.
Zum Beispiel: Aus 3 – 4 – 6 wird 6 – 4 – 3

Zahlenreihe	Vorwärts	Rückwärts
8 – 6	☺ ☹	☺ ☹
3 – 4 – 7	☺ ☹	☺ ☹
7 – 5 – 3 – 2	☺ ☹	☺ ☹
1 – 6 – 9 – 8 – 3	☺ ☹	☺ ☹
2 – 5 – 4 – 1 – 6 – 9	☺ ☹	☺ ☹
4 – 1 – 2 – 5 – 6 – 9 – 3	☺ ☹	☺ ☹

Name: ______________________ Datum: ____________ KV 28

Was fehlt?

1. Betrachte das Bild. Präge dir alle Dinge ein.

2. Schau genau. Was fehlt? Schreibe den fehlenden Gegenstand dazu.

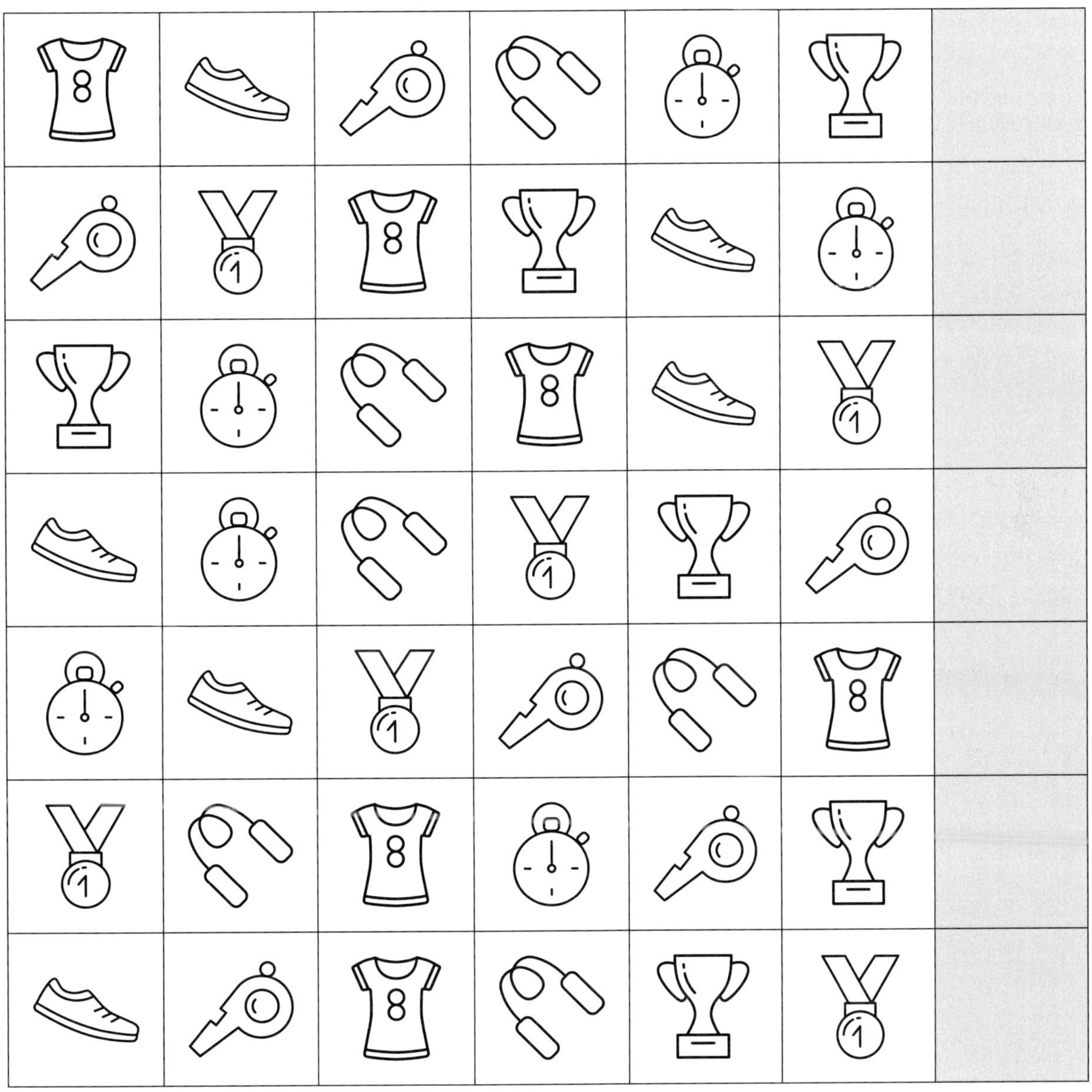

Name: ______________________ Datum: ______________ **KV 29**

Namen merken

1. Lies die Geschichte. Markiere alle Namen und merke sie dir gut.

Simon, Luisa, Nico und Antonia sind echt beste Freunde. Ihnen wird nicht so leicht langweilig. Immer hat jemand eine coole Idee. Heute wollen sie auf die Skaterbahn gehen. Dort treffen sie viele Klassenkameraden. Moni sitzt am Rand, Kevin fährt Skateboard und Marcel übt auf der Rampe. Plötzlich drehen sich alle zum Fahrrad-Parkplatz um. Elias und seine Kumpels Marvin und Flori kommen mit ihren neuen Mountainbikes an. Elias blinzelt in die Sonne und lächelt verschmitzt. Er ist heiß umschwärmt. Vor allem Luisa wird rot im Gesicht. Sie ist schon seit einiger Zeit in Elias verliebt. Antonia gibt Luisa einen sanften Schubs. „Er kommt auf dich zu," kichert sie. Luisa hat richtig weiche Knie, als Elias sie fragt, ob sie sich sein Mountainbike ansehen möchte. Er nimmt ihre Hand und gemeinsam gehen sie zu den Bikes. Am anderen Ende der Bahn stecken Nina und Mia die Köpfe zusammen und tuscheln. Jonas und Noah beobachten das neue Liebespaar auch sehr neugierig. „Was will Luisa denn von diesem Angeber?," mault Jonas. Er hatte auch schon seit einiger Zeit ein Auge auf Luisa geworfen. In Luisas Kopf kreisen die Gedanken. „Hoffentlich mag er mich auch," denkt sie. Dabei bemerkt sie nicht, dass auch Elias etwas nervös ist.

2. Decke nun den Text ab. Welche Namen hast du dir gemerkt? Schreibe sie auf.

____

____

____

____

____

____

____

3. Zähle: Wie viele Namen gibt es oben im Text, wie viele in deiner Liste? Notiere.

Ich habe mir ______ von ______ Namen gemerkt.

Wie war es? Kreuze an.

Name: ______________________ Datum: ______________ KV 30

Spiegelbild

1. Betrachte dich im Spiegel und beobachte dein Spiegelbild bei verschiedenen Übungen.
2. Arbeitet zu zweit. Einer führt Bewegungen aus. Der andere ist das Spiegelbild und macht alles nach.
3. Versetze dich in die Figur. Rechts oder links? Kreuze an.

O links O rechts

O links O rechts

O links O rechts

O links O rechts

O links O rechts

O links O rechts

O links O rechts

O links O rechts

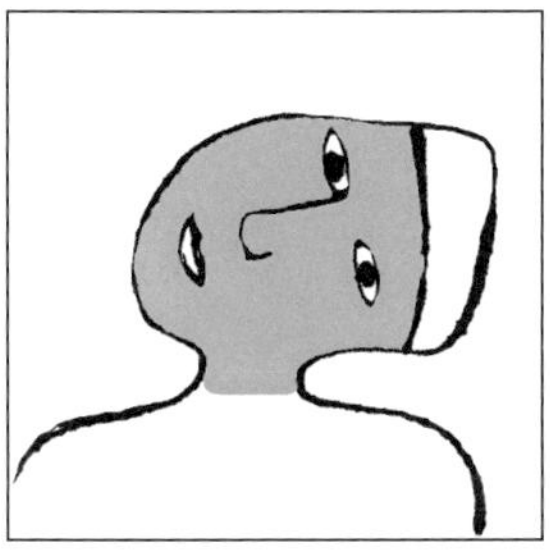

O links O rechts

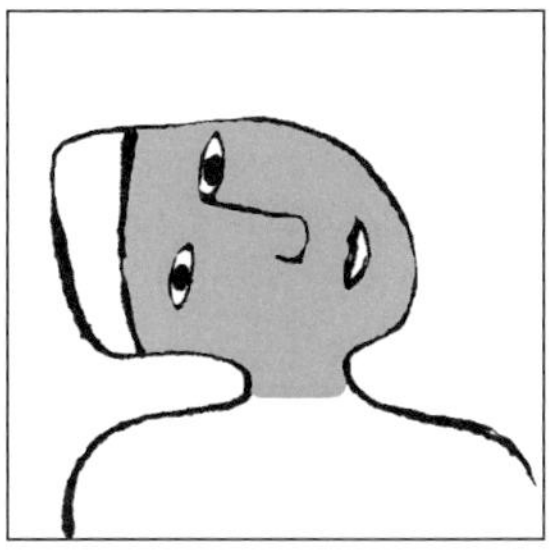

O links O rechts

O links O rechts

O links O rechts

4. Wer steht wo? Kreuze an.

Rocco sagt: „Nina steht rechts von mir.“ ☺ ☹

Ayse sagt: „Ich stehe zwischen Rocco und Nina.“ ☺ ☹

Nina sagt: „Links von mir steht Rocco.“ ☺ ☹

Ayse sagt: „Links von mir steht Nina.“ ☺ ☹

Rocco sagt: „Links von mir steht Ayse.“ ☺ ☹

Rocco Ayse Nina

Name: ______________________________ Datum: ______________ KV 31

Würfelspielerei

Tipp: Die gegenüberliegenden Augenzahlen ergeben immer 7.

1. Ergänze die fehlenden Augenzahlen.

2. Ergänze die fehlenden Augenzahlen.

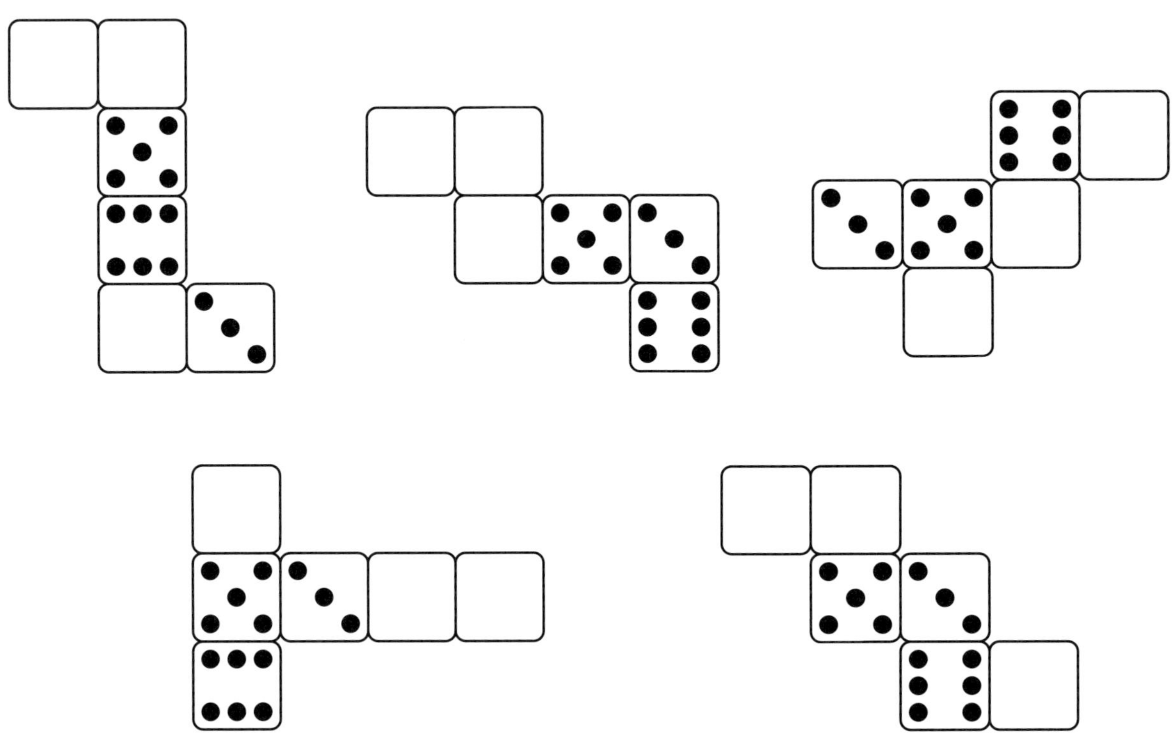

Würfel räumlich: Shutterstock.com/art-sonik

Name: ______________________________ Datum: ______________ **KV 32**

Würfelkippelei

Tipp: Die gegenüberliegenden Augenzahlen ergeben immer 7.

1. Kippe den Würfel nach Vorschrift.
   Welche Augenzahlen siehst du?
   Trage sie ein.

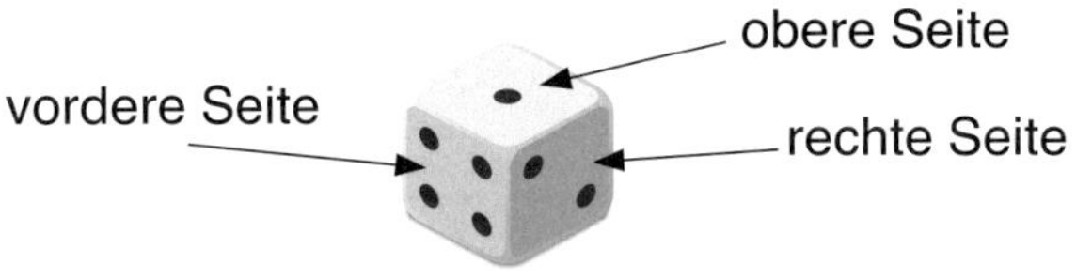

rechts → rechts → links → unten → oben → oben →

unten → unten → rechts → rechts → links → unten →

links → unten → links → unten → rechts → oben →

2. Kippe den Würfel nach Vorschrift.
   Welche Augenzahlen siehst du?
   Trage nur die Schlussansicht ein.

links → oben → links → oben → links → oben →

links → unten → rechts → oben → rechts → oben →

rechts → unten → links → unten → rechts → oben →

links → oben → rechts → unten → rechts → oben →

Name: ______________________________ Datum: _______________ **KV 33**

Geheimschrift

1. Lies den Text.

D◆s J◆hr
●in J◆hr h◆t g●n◆u 365 T◆g●. M◆nchm◆l sind ●s ◆uch 366 T◆g●. ◆b●r nur, w●nn ●s ●in Sch◆ltj◆hr ist. D◆s p◆ssi●rt ◆ll● vi●r J◆hr●. In ●in●m Sch◆ltj◆hr h◆t d●r F●bru◆r nicht 28 T◆g● sond●rn 29 T◆g●. D●sh◆lb h◆t d◆s J◆hr ●in●n T◆g m●hr.

W◆rum ist d◆s so? Di● ●rd● dr●ht sich um ihr● ●ig●n● ◆chs●. Gl●ichz●itig dr●ht si● sich ◆uch um di● Sonn●. Für ●in●n Uml◆uf br◆ucht di● ●rd● g●n◆u 365 und $^1/_4$ T◆g●. D●sh◆lb h◆b●n wir zum ◆usgl●ich ◆ll● vi●r J◆hr● ●in●n T◆g m●hr.

Di● ●rd◆chs●, di● zwisch●n Nord- und Südpol v●rläuft, ist g●n●igt. D◆durch l◆ss●n sich ◆uch di● J◆hr●sz●it●n ●rklär●n. D●r T●il d●r ●rd●, d●r d●r Sonn● näh●r ist, b●kommt m●hr Licht und m●hr Wärm●. Im D●z●mb●r ist di● nördlich● H◆lbkug●l d●r Sonn● ◆m f●rnst●n. D●sh◆lb h●rrscht dort Wint●r. ◆uf d●r Südh◆lbkug●l ist j●doch g●n◆u zur gl●ich●n Z●it Somm●r.

Wusst●st du, d◆ss sich di● ●rd● mit rund 100.000 km pro Stund● um di● Sonn● dr●ht? D◆s ist m●hr ◆ls dopp●lt so schn●ll wi● d◆s schn●llst● Flugz●ug d●r Welt.

2. Kannst du die Geheimschrift entziffern? Erkläre das Prinzip.

____

____

____

____

____

3. Schreibe einen Absatz des Textes richtig ab.

____

____

____

____

____

____

Name: ______________________ Datum: ______________ KV 34

Stadt, Land, Fluss

1. Spielt das Spiel „Stadt, Land, Fluss".

Spielregeln:
Jeder Mitspieler braucht eine Vorlage und einen Stift. Ein Spieler spricht das Abc leise, bis sein linker Nachbar „Stopp!" ruft. Der Startbuchstabe ist bestimmt. Jetzt suchen alle Mitspieler zu jeder Kategorie einen Begriff, der mit dem entsprechenden Buchstaben beginnt.

Wer alle Spalten gefüllt hat, ruft laut „Stopp!". Vergleicht und verteilt die Punkte.
- *Mehrmals gefundene Begriffe: 1 Punkt*
- *Begriff nur einmal gefunden: 5 Punkte*
- *Kein weiterer Begriff in der Kategorie gefunden: 10 Punkte.*

Stadt	Land	Fluss	Name	Tier	Punkte
Gesamtpunktzahl:					

2. Spielt das Spiel mal etwas anders. Die Regeln bleiben gleich.

Star	Sport	Beruf	Buch	Farbe	Punkte
Gesamtpunktzahl:					

Name: ______________________ Datum: ____________ KV 35

Buchstabenmix

1. Suche im Buchstabensalat die Wörter. Markiere sie.
   Ein Partner kann die Zeit stoppen

HUND

ROSEHOSHUNDEHLKEBANDGARTENSANDLAUSHUNDMAUSTIERHUNDPAU
SEHUND HEFTHUNDSTIFTBANDEIMERGARTEN HUNDFENSTER STUHLTISCH
HUNDXAVERLENAOPERHUNDRATTERÄUBERHANDHUNDISTAUSSTEINSAND

ROSE

ROSEHOSHUNDEHLKEROSEGARTENROSESANDLAUSROSEHUNDMAUSTIER
ROSEHUNDPAUSEHUNDHEFTROSEHUNDROSESTIFTBANDEIMERROSEGART
ENHUNDFENSTERROSESTUHLTISCHROSEHUNDROSEXAVERESOPERROSE

TIER

ROSETIERHOSHUNDEHLKEROSEGARTENTIERROSESANDLAUSROSEHUND
TIERMAUSTIERROSEHUNDTIERPAUSEHUNDTIERHEFTROSETIER HUNDROS
ETIERSTIFTBANDTIEREIMERROSEGARTENHUNDFENSTERROSETIERSTUHL
TIERTISCHROSEHUNDROSEXAVERTIERLENAOPERROSEROSETIERHUND

2. Kreise alle anderen Wörter oben ein.

3. Lies die Sätze. Trenne die Wörter mit Strichen ab. Schreibe den Satz auf.

VIELEMENSCHENWÜNSCHENSICHSEHNLICHSTEINHAUSTIERZUMKUSCHELN.

___

___

HUNDEUNDKATZENGEHÖRENZUDENSEHRBELIEBTENHAUSTIEREN.

___

___

AUCHTIEREWIEREPTILIENUNDINSEKTENWERDENALSHAUSTIEREGEHALTEN.

___

___

Name: ______________________ Datum: ______________ **KV 36**

Substantive-Abc

Material: Stoppuhr, Block, Stift

1. Spielt in der Gruppe das Spiel „Substantive-Abc“

Spielregeln:
Ein Spieler spricht leise das Abc, bis sein linker Nachbar „Stopp!“ ruft. Der Startbuchstabe ist bestimmt. Nund wird die Zeitmessung gestartet. Alle Spielpartner suchen Substantive zum Startbuchstaben.

Nach genau einer Minute ist Schluss. Wer hat am meisten Substantive gefunden?

Jedes Wort zählt einen Punkt. Ihr könnt auch mehrere Runden spielen.

2. Bilde zusammengesetzte Substantive. Verbinde sie.

Fenster	Scheibe
Heft	Tafel
Chips	Display
Feder	Maus
Auto	Schloss
Schokoladen	Bärchen
Computer	Plan
Stunden	Umschlag
Gummi	Tüte
Handy	Mäppchen

3. Suche weitere zusammengesetzte Substantive. Schreibe deine Top-5 in einer besonders schönen Schrift auf.

____

____

____

____

____

____

Name: ______________________ Datum: ____________ **KV 37**

Würfelstreichen

Material: Vorlage Würfelstreichen, Würfel, zwei Stifte in verschiedenen Farben

Spielt zu zweit das Spiel „Würfelstreichen“.

Spielregeln:
Jeder hat einen Stift. Würfelt abwechselnd und versucht, so schnell wie möglich die gewürfelte Augenzahl wegzustreichen. Sind alle Würfelbilder weggestrichen, zählt ihr, wer mehr geschafft hat und ermittelt den Sieger.

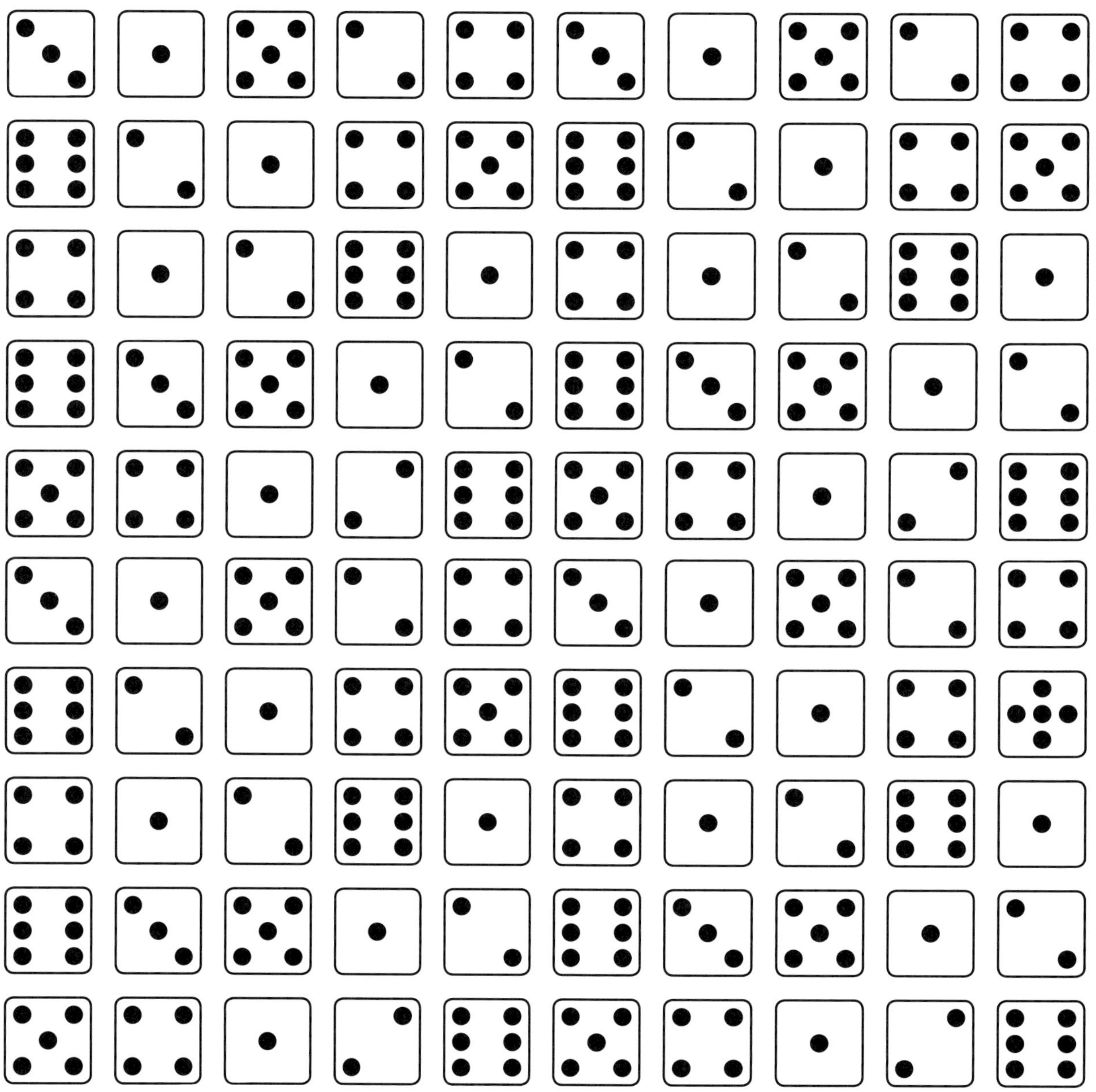

Name: ______________________ Datum: ____________ KV 38

Arbeitsplatz

1. Wie sieht dein optimaler Arbeitsplatz aus? Was brauchst du, um dich wohlzufühlen und gut arbeiten zu können? Erstelle dazu eine Mindmap.

2. Arbeite mit einem Partner. Vergleicht eure Mindmaps.

3. Zeit für Veränderungen: Verändere nun deinen Arbeitsplatz so, dass du dich dort wohlfühlst. Zeichne.

Name: ______________________ Datum: ____________ **KV 39**

Hefte- und Schultaschen-Check

1. Was brauchst du alles zum konzentrierten Lernen und Arbeiten?
   Checke deine Hefte und deine Schulmaterialien.

Was brauchst du? Wie gut klappt es bei dir?			
Hefte ordentlich beschriftet			
Einträge mit Datum			
Schrift leserlich			
Überschrift unterstrichen			
Bücher mit Namen beschriftet			
Bücher eingebunden			
Stifte im Federmäppchen eingeräumt			
Buntstifte und Bleistifte gespitzt			
Blätter abgeheftet			
Mitteilungs-/Hausaufgabenheft vorhanden			
Kleber, Schere, Lineal im Federmäppchen			
Taschenrechner eingepackt			
Tasche ordentlich gepackt			
Getränk und Pausenbrot dabei			

2. Besprich dich mit einem Partner. Hast du dich richtig eingeschätzt?

3. Zeit für Veränderungen: Woran möchtest du arbeiten?
   Schreibe ein oder zwei konkrete Ziele auf.

____

____

____

____

____

Name: ______________________ Datum: ______________ KV 40

Graffiti

1. Male das Graffiti sorgfältig aus. Verwende auffallende Farben.

2. Erstelle ein eigenes Graffiti, zum Beispiel zu deinem Namen. Nutze ein großes Blatt Papier. Du kannst auch Filzstifte verwenden.

Name: ______________________ Datum: ______________ **KV 41**

Lustige Bilder

1. Was könnte das sein? Verbinde ordentlich mit Lineal.

a) 

b) 

c) 

d) 

e) 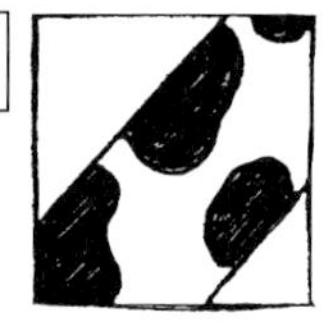

f) 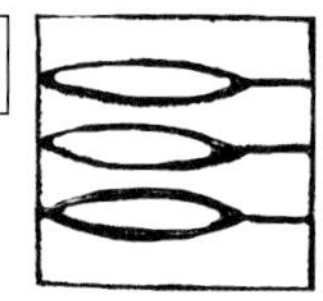

g) 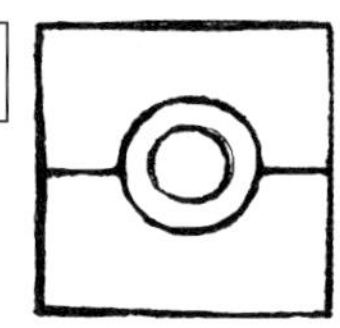

h) 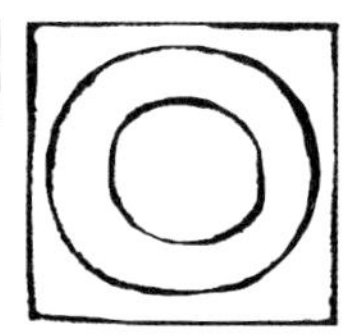

1. Katze vor einem Mauseloch
2. Bär, der Baum hochklettert
3. Schweinchen geht um die Ecke
4. Giraffe vor einem Fenster
5. Mensch mit Hut auf Fahrrad
6. Mensch mit Hut von oben
7. Zwei mal vier
8. Startaufstellung zum Mäuserennen

2. Zeichne selbst lustige Bilder. Arbeite mit einem gespitzten Bleistift.

Mann auf dem Mond	Schwein vor der Tür	Spiegelei in der Pfanne
Spinne auf dem Tisch	Popcornmaschine von oben	Sternengalaxie

Name: ______________________ Datum: ____________ **KV 42**

Stress-Reduktionsspunkte, Aufwecker und Co

Mit diesen Übungen bringst du dein Gehirn und deine Konzentration in Schwung.

Aktivierungspunkte

Massiere mit beiden Zeigefingern deine Schläfen. Kleine kreisende Bewegungen aktivieren deine Konzentration.

Stressreduzierung

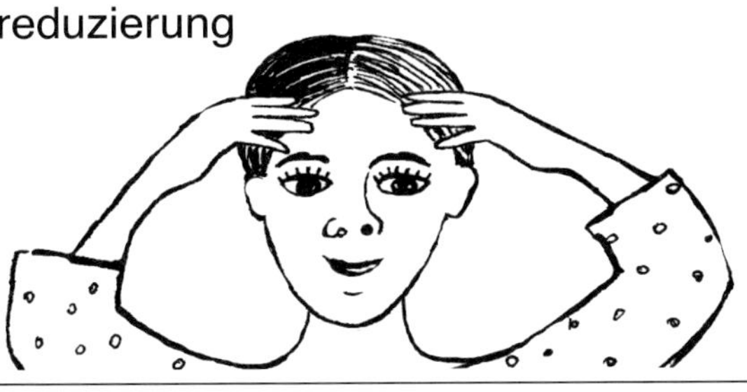

Drücke nun mit drei Fingern an deine Stirnbeinhöcker über den Augenbrauen. Das sind die Stress-Reduktionspunkte. Drücke sanft mit den Fingern dagegen.

Kreise und Achter

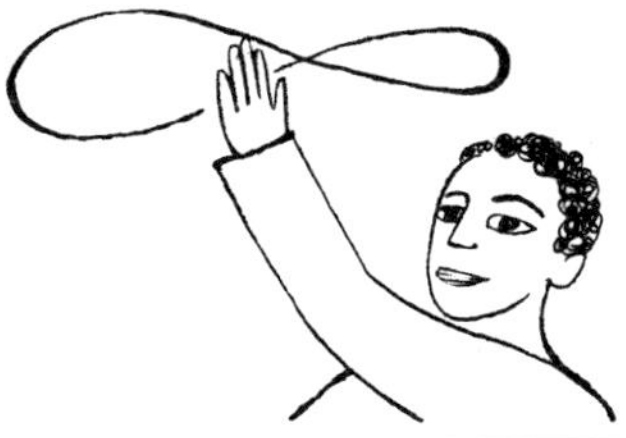

Male nun mit der rechten Hand Kreise in die Luft. Du kannst auch eine Schleife oder eine Acht malen.

Aufwecker

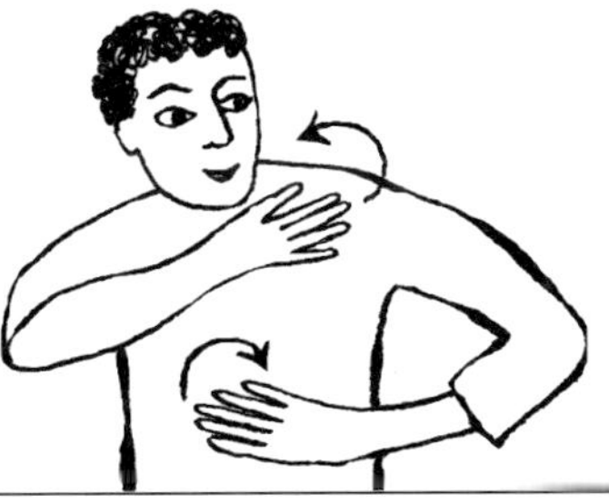

Streife mit einer Hand über deine Schlüsselbeine in Richtung Brustbein. Massiere mit der anderen Hand kreisförmig deinen Nabel. Atme tief ein und aus. Bist du schon wach? Wenn nicht, dann gähne einmal kräftig.

Ohrenspitzer

Massiere deine Ohrläppchen mit Daumen und Zeigefinger. Das macht dich fit und du kannst konzentriert arbeiten.

Name: ______________________ Datum: ______________ KV 43

Atemrhythmus und Akku-Laden

1. Nimm einen Bleistift in die Hand und zeichne deine Atmung auf. Setze den Stift an und bewege den Arm gleichmäßig nach rechts. Beim Einatmen zeichnest du einen Strich nach oben, beim Ausatmen nach unten. Es entsteht ein Zickzackmuster. Verändere deine Atmung.

2. Stell dir vor, dein Körper ist eine Batterie. Dein Akku ist leer. Es ist Zeit für eine Entspannung, damit sich dein Akku wieder aufladen kann. Setze dich dazu bequem hin.

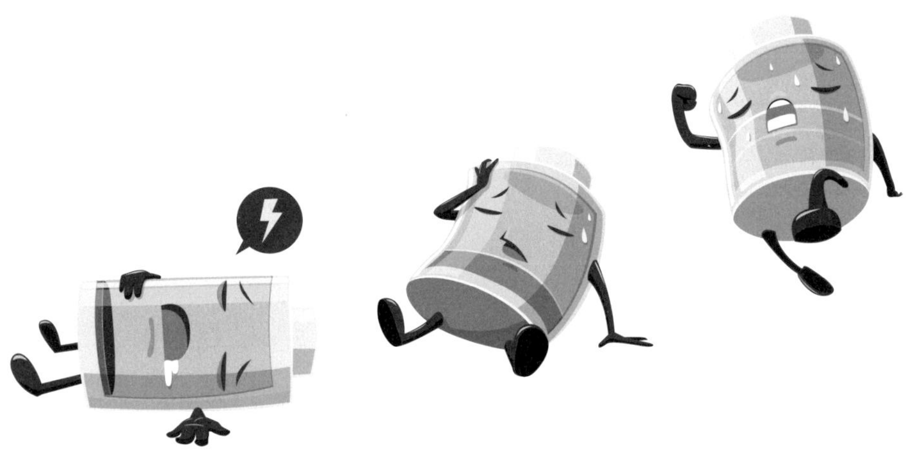

Atme tief ein und aus. Schließe die Augen.

Ruhe und Gelassenheit durchströmen deinen Körper.

Du fühlst dich wohl und wirst immer entspannter.

In Gedanken sitzt du in der Sonne. Sie wärmt deinen Rücken.

Du atmest frische Luft in tiefen Atemzügen ein und aus.

Du spürst einen sanften warmen Wind.

Deine Finger und Zehen kribbeln und dein ganzer Körper wird warm.

Du öffnest deine Augen und streckst dich und reckst dich.

Name: ______________________ Datum: ______________ **KV 44**

Klassenzimmer-Workout

Bewegung entspannt und fördert die Konzentration.
Dieses Klassenzimmer-Workout macht dich ruckzuck wieder fit!

Schwingen

Kreuzen

Flieger

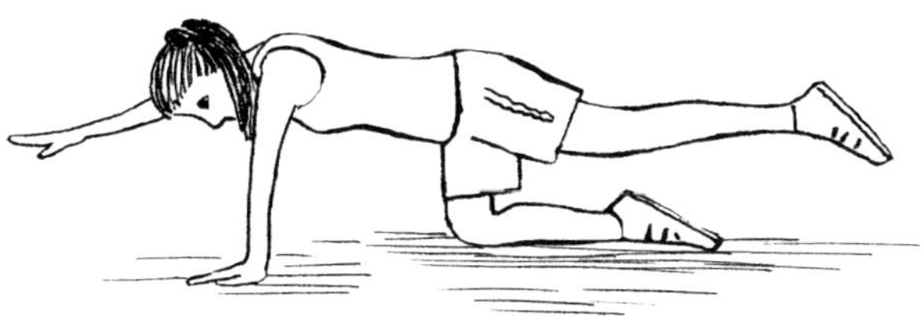

Sitzen

Laufen

Kniebeugen

Hüpfen

Schulterkreisen

Lösungen

Silbenrätsel (KV 1), S. 7
5, 6, 3, 1, 3, 5, 4, 3, 4, 4, 6, 5, 4, 7, 3, 5, 2

Lustige Reimerei (KV 2), S. 8
1. Keller – Teller, Trauben – Schrauben, Daumen – Pflaumen, Kette – Wette, Schatz – Platz, Tuch – Buch, Wanne – Pfanne, Hund – Mund, Schlange – Zange, Blitz – Witz, Kuh – Schuh, Rose – Hose, glitschig – kitschig, breit – weit, träumen – schäumen, lahm – zahm, kaufen – laufen, eckig – fleckig, heiß – weiß

Stolperwörter (KV 4), S. 10
1. Sätze: durstigen, Bäume, Schokolade, Schultasche, anspitzen, bitter, Angst, regnet, Skilaufen, schmilzt, kehren, spiele, Texte, schreibe
2. Text: Schule, gestern, Ende, langweilig, Tuch, Kanister, abgucken, Schlafen, Buchstaben, langsam, baden

Zuhörgeschichte (KV 5), S.11
1. Sonnenwelle; Montag, 6. August 2018; Kids und Teens; megaheiß; Sonnenstich; Sonnenschutz; radio@sonnenwelle.de
2. München → Dancecamp; Nürnberg → Konzert mit Jam-Session; Stuttgart → Mitmach-Zoo; Hamburg → Miniatur Wunderland

Was passt nicht in die Reihe? (KV 6), S.13

Fehlersuchbild (KV 7), S. 14

Labyrinth (KV 8), S. 15

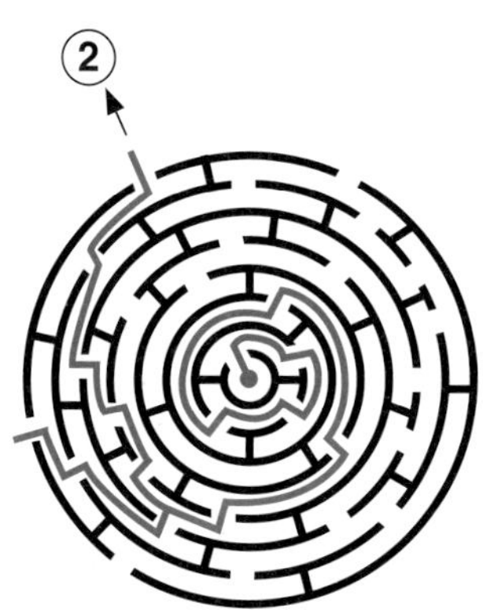

Schuhsalat (KV 9), S.16

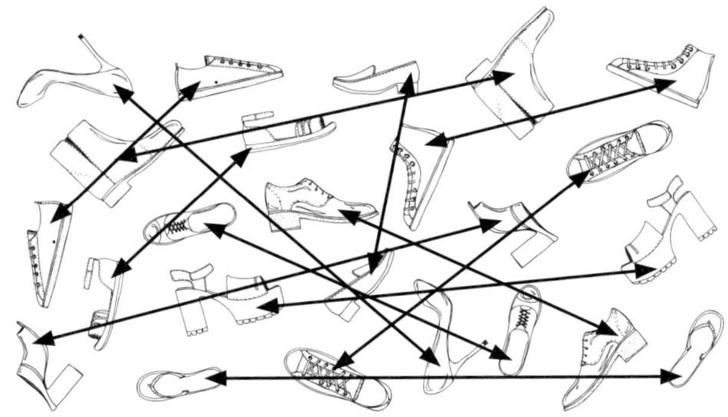

Bildersuche (KV 10), S. 17
1. Die Monster sind auf den Positionen 1/5; 4/5; 1/3/8; 5/7; 2/8; 3/6; 1/7
2. Man findet die Reihe fünfmal: Zeile 5, 3–6; Zeile 3, 2–5; Zeile 5, 5–8; Zeile 6, 1–4, Zeile 7, 4–7

Welches Wort passt nicht dazu? (KV 11), S. 18
Schuh – Donau – Pausenbrot – Kaktus – Anna – Kette – Zeitschrift – Oktober – Dinosaurier – tot – Geburtstag – Leander – Nil – Gurke

Gemüsemix (KV 13), S. 20
5x rot, 2x gelb, 4x orange, 4x lila, 9x grün, 5x braun

Gegenteile (KV 14), S. 21
schwarz – weiß, hoch – tief, gut – schlecht, arm – reich, laut – leise, neu – alt, Frühling – Herbst, früh – spät, heiß – kalt, hell – dunkel, süß – sauer, schnell – langsam, Ost – West, richtig – falsch, groß – klein, nah – fern, teuer – billig, faul – fleißig, dick – dünn, gesund – krank, Tag – Nacht, lang – kurz, Nord – Süd, Winter – Sommer

Farben hören (KV 15), S. 22
a) braun, schwarz, blau; b) gelb, rosa, rot; c) rot, grün; d) gelb, blau, grau; e) schwarz, grün, weiß, gold; f) violett, pink, weiß; g) orange; h) rot, blau; i) schwarz, grün; j) rosa

Paare suchen (KV 16), S. 23

a) 

b) 

c) 

d) 

e) 

f) 

Symbole zeichnen (KV 17), S. 24

○	×	|	▽	□	=	◖
□	▽	○	×	◖	|	=
▽	◖	=	□	×	|	○
×	|	=	□	○	◖	▽
◖	=	|	○	▽	□	×
|	○	□	×	=	▽	◖
◖	|	▽	×	□	○	=

Abc vorwärts und rückwärts (KV 21), S. 28
Sommerferien, Schokoladentorte, Freibad, Sportunterricht
TEKCITNHAB, GATREIEF, GULFSBUALRU, GRUBMAH, MUABSTHCANHIEW

Kettenrechnung (KV 24), S. 31
1. 14 + 15 + 18 + 35 + 26 + 32 + 35 + 48 = 224
2. 300 – 15 – 20 – 22 – 32 – 37 – 45 – 56 – 50 = 23
3.

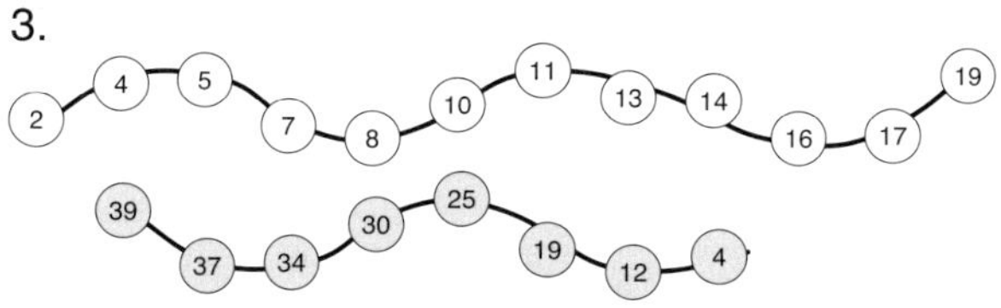

Was fehlt? (KV 28), S. 35
Medaille, Springseil, Trillerpfeife, T-Shirt, Pokal, Turnschuh, Stoppuhr

Namen merken (KV 29), S. 36
1. Simon, Luisa, Nico, Antonia, Moni, Kevin, Marcel, Elias, Marvin, Flori, Nina, Mia, Jonas, Noah
3. Es gibt 14 Namen.

Spiegelbild (KV 30), S. 37
3. Zeile 1: links, rechts, rechts, links; Zeile 2: rechts, links, links, rechts; Zeile 3: links, rechts, links, rechts
4. 

Würfelspielereien (KV 31), S. 38
1.

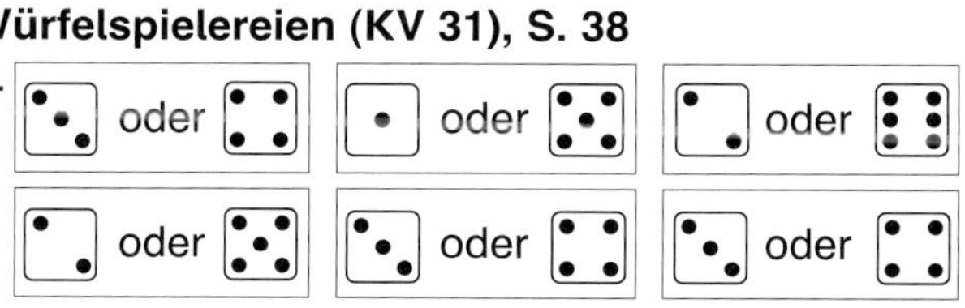

2.

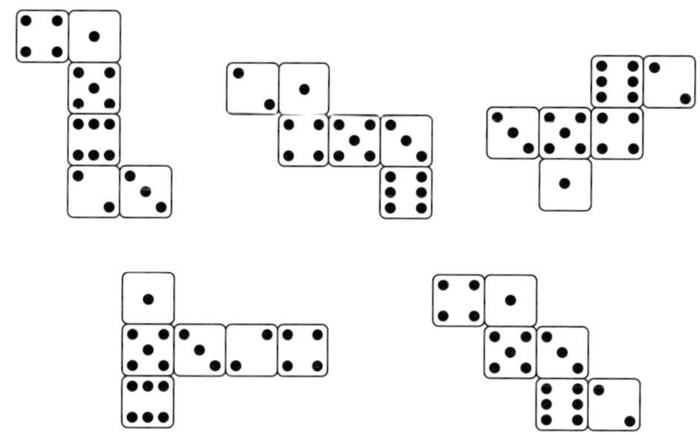

Würfelkippeleien (KV 32), S. 39
1.
a)

d. h. 5/1, 6/5, 5/1, 3/1, 5/1, 4/1

b) 3/3, 6/2, 5/2,6, 1/5, 5/6, 4/6
c) 2/6, 3/6, 6/4, 5/4, 3/5, 6/5

2.
a) 2/6, 4/6, 6/3, 5/3, 3/2, 1/2
b) 2/6, 3/6, 1/3, 2/3, 4/2, 6/2
c) 6/1, 3/1, 1/4, 2/4, 3/2, 1/2
d) 2/6, 4/6, 1/4, 2/4, 3/2, 1/2

Buchstabenmix (KV 35), S.42
1. 8-mal „HUND", 12x „ROSE", 13x „TIER"
3. Viele Menschen wünschen sich sehnlichst ein Haustier zum Kuscheln.
Hunde und Katzen gehören zu den beliebten Haustieren.
Auch Tiere wie Reptilien und Insekten werden als Haustiere gehalten.

Substantive-Abc (KV 36), S.43
z. B.: Fensterscheibe, Heftumschlag, Chipstüte, Federmäppchen, Autoschloss, Schokoladentafel, Computermaus, Stundenplan, Gummibärchen, Handydisplay

Lustige Bilder (KV 41), S. 48
1. 1a, 2c, 3b, 4e, 5g, 6h, 7d, 8f

Notizen

Lektorat: Dr. Kristina Poncin, Hamburg
Projektleitung: Irena Reinhardt
Illustration: Antje Kahl, Berlin
Umschlaggestaltung: Corinna Babylon, Berlin
Umschlagfoto: © Shutterstock/GoMixer
Technische Umsetzung: zweiband.media, Berlin

www.cornelsen.de

2. Auflage 4. Druck 2025

Druck: H. Heenemann, Berlin

ISBN 978-3-589-16186-7

PEFC
PEFC/04-31-1156

PEFC-zertifiziert
Dieses Produkt stammt aus nachhaltig bewirtschafteten Wäldern
www.pefc.de